I0818853

SALSA!-Cahier 9

Cinema Leuven.

Een studie naar de Belgische filmaffiche aan de hand van de collectie van het Leuvens Stadsarchief

De **SALSA! - cahiers** zijn een uitgave van
vzw SALSA! – *Samen Actief voor het Leuvens Stadsarchief*.
Het redactiecomité selecteert manuscripten en waakt over de homogeniteit van de reeks.
De onderwerpen zijn steeds verbonden met het archief, de geschiedenis en
het cultureel erfgoed van de Stad Leuven.

Omslagillustratie:
SAL, filmaffichecollectie 54/5/7

Redactie en samenstelling: dr. Leen Engelen.

Eindredactie: Marika Ceunen.

Foto's: Stadsarchief Leuven

Vormgeving en drukwerk: Peeters (Leuven)

Briefwisseling:
Stadsarchief, Rijschoolstraat 4/001 – 3000 Leuven
telefoon: 016/300869 – e-mail: archief@leuven.be

D/2012/0602/54
ISBN 978-90-429-2673-8

Cinema Leuven

Een studie naar de Belgische filmaffiche aan de hand van de collectie van het Leuvens Stadsarchief

Leen Engelen (red.)

Inhoud

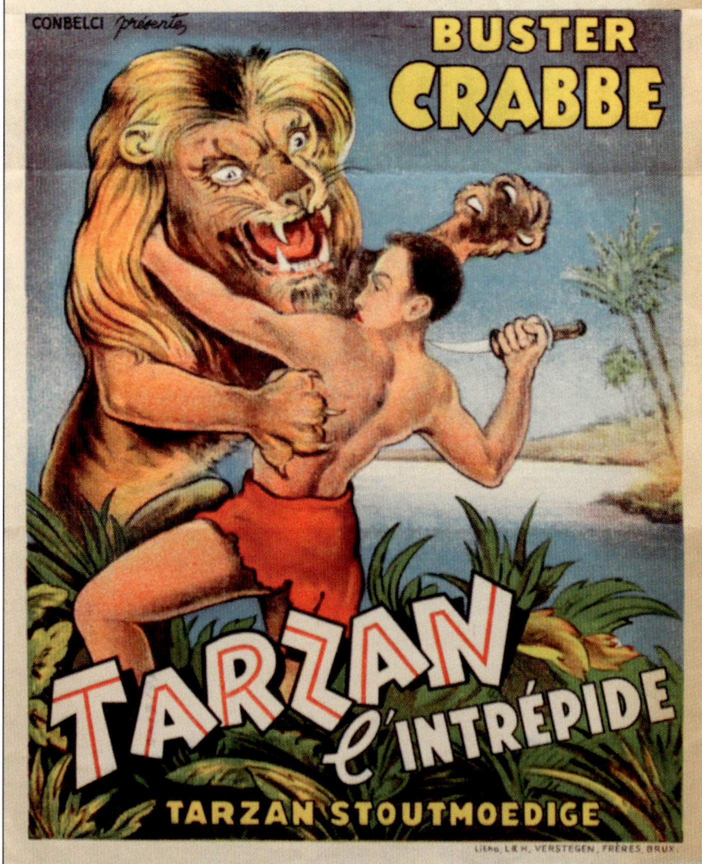
LUXOR
Van Vrijdag 15 Juni 1945
Daarbij de BESTE KOMIEK die bestaat
Charlot Homme de Peine
om zich een bult te lachen !
CONBELCI présente
BUSTER
CRABBE
TARZAN
l'INTRÉPIDE
TARZAN STOUTMOEDIGE

Inleiding

Leen Engelen

Het lokale bioscoopverleden heeft bij vele Leuvenaars een bijzondere plaats in het hart. Toen de Leuvense Erfgoedcel in 2010 een algemene oproep lanceerde voor getuigenissen en documenten met betrekking tot het Leuvense bioscoopwezen stroomden de reacties binnen: anekdotes over de blootfilms in Forum, over de frisco's van Artix en de limonadeflesjes met een knikker erin die verkocht werden in Casino, en het snoepgoed dat aangeboden werd in Luxor; handgeschreven geschiedenissen van 'de Rex' op de Bondgenotenlaan en 'de Vita' van pater Schotsmans in de Burgemeesterstraat; maar ook tal van programmaboekjes, strooibiljetten en filmaffiches kwamen boven water. De buurtbioscopen zijn inmiddels allemaal uit het straatbeeld verdwenen, maar veel Leuvenaars dragen dit rijke Leuvense bioscoopverleden nog in het hart. Met de tentoonstelling en het Salsa!-Cahier *Cinema Leuven* komt dit verleden terug tot leven aan de hand van vele authentieke filmaffiches uit de collectie van het Leuvense Stadsarchief (SAL).

Het Leuvense Stadsarchief beschikt immers over een rijke affichecollectie. Deze kwam tot stand als gevolg van een politiereglement uit 1892 dat de openbare aanplakking van affiches reguleerde. Tijdens de hoogdagen van de stadsbioscoop werden filmaffiches immers niet alleen opgehangen in de portalen van de bioscopen en in vitrines van lokale handelaars, maar daarnaast werden ze op vaste plaatsen in de stad aangeplakt. De publieke aanplakking van affiches kon volgens het bewuste politiereglement enkel gebeuren door een door de stad aangeduide openbare aanplakker (*den plakker*) en dit enkel op expliciet hiertoe aangeduide muren.[1] Dit waren onder meer de zijmuren van het station (aan de Diestsevest), het stadhuis (grenzend aan de Boekhandelstraat) en het justitiepaleis (aan de L. Vanderkelenstraat) en de flank van de Sint -Pieterskerk die grenst aan het Margarethaplein. Volgens hetzelfde reglement was de openbare aanplakker verplicht van elke affiche die hij aanplakte eerst een exemplaar op het gemeentesecretariaat te bezorgen, wat controle door de politiediensten vereenvoudigde. Het waren niet uitsluitend fiscale redenen (het uithangen van affiches werd immers belast) die de interesse in dit drukwerk verklaarden. Hoewel het geenszins de bedoeling was een preventieve censuur in te stellen – wat overigens door de grondwet verboden wordt – wilde de gemeenteraad de politie toelaten tijdig de nodige maatregelen te treffen in geval tot aanplakking van kwetsende, strafbare of opruiende affiches zou worden overgegaan.[2] Dankzij deze maatregel beschikt het Stadsarchief Leuven

1 SAL, *Verslag van de zitting van de gemeenteraad*, 22/03/1892

2 Veldeman 2008

vandaag nog over een uitgebreide affichecollectie, waaronder een drie duizendtal filmaffiches. Hoewel filmaffiches ook in Leuven reeds vanaf de jaren twintig algemeen werden gebruikt voor het bekendmaken van filmvertoningen, bevat de collectie van het stadsarchief geen affiches uit deze periode. De jaren dertig zijn met bijna 1600 unieke affiches dan weer uitzonderlijk goed vertegenwoordigd, evenals de oorlogsjaren (670 affiches voor de periode 1939-1944). In de jaren vijftig (uitzonderlijk slecht vertegenwoordigd met slechts een kleine 230 affiches) en zestig (397 affiches voor de periode 1960-1970) loopt het aantal in de collectie bewaarde affiches gradueel terug.[3] Dit is te wijten aan het bij tijden slechter opvolgen van het reglement (met name in de eerste helft van de jaren vijftig), aan de teruglopende openbare aanplakking en aan problemen met de bewaring. In de collectie, die overigens voor het overgrote deel in uitstekende staat is, vinden we zowel affiches van grote Amerikaanse kaskrakers als van kleine Europese *arthouse*-films en low budget B-films terug. Ook de Belgische film is vertegenwoordigd.

Ongeveer 60% van de bewaarde affiches is voorzien van een zogenaamde bioscoopstrook. Deze strook werd door de bioscoopexploitant meestal bovenaan de affiche bevestigd en bevatte praktische informatie over de locatie van de bioscoop, het tijdstip van de vertoning, de toegangsprijzen... Sommige bioscopen gebruikten deze strook ook voor bijkomende wervende teksten, zoals bijvoorbeeld bioscoop Luxor die in 1945 een oude kortfilm van Charlie Chaplin als bijfilm aankondigde met de mededeling: 'om u een bult te lachen'.

In 2009-2010 werd de collectie onder leiding van promotor Leen Engelen geïnventariseerd en beschreven door masterstudenten Communicatiewetenschappen van de KU Leuven.[4] Simultaan zorgde het Leuvense Stadsarchief voor de toekomstige conservatie van het materiaal door de verpakking in zuurvrije mappen. De Leuvense collectie is zeker niet de grootste, maar wel een van de best ontsloten publieke collecties van filmaffiches in België.[5]

Door het grote aantal affiches dat voorzien is van een bioscoopstrook, is de collectie tevens een gedroomde historische bron voor onderzoek naar het lokale bioscoopverleden. In 2010-2011 namen een aantal masterstudenten Communicatiewetenschappen de geschiedenis van de grote centrumbioscopen onder de loep: Louvain Palace / Forum, Monty, Lovanium, Eden en Rex.[6] Naast de affichecollectie waren ook advertentiebladen als *Le Moniteur de Notaires, Le Journal des Petites Affiches* en *Passe-Partout* (vanaf 1947) en archieven in verband met de bouwdossiers en milieuvergunningen voor dit onderzoeksluik van onschatbaar belang.

Door de collectie als uitgangspunt te nemen voor onderzoek naar zowel affichekunst als bioscoopgeschiedenis exploreren de bijdragen aan dit Salsa!-Cahier de rijkdom van de filmaffichecollectie ten volle. De auteurs hebben elk vanuit hun eigen specifieke expertise – zij het de beeldanalyse, de stripgeschiedenis, de affichekunst, de filmgeschiedenis of de bioscoopgeschiedenis – de collectie van het Leuvense Stadsarchief onder de loep genomen. Tegelijkertijd hebben ze zich op een op wetenschappelijk vlak zo goed als braakliggend terrein gewaagd. Als wetenschappelijk onderzoeksdomein heeft de filmaffiche immers tot nog toe op weinig belangstelling kunnen rekenen. Zowel vanuit de kunstwetenschappen – die traditioneel ook de affichekunst bestuderen – als vanuit de filmwetenschap is de filmaffiche

3 De filmaffichecollectie van het SAL bevat affiches uit de periode 1932-1970. De collectie zal in het voorjaar van 2012 digitaal beschikbaar zijn.

4 Buyens 2010; Van de Broek 2010; Van der Mosen 2010.

5 De grootste collectie in België is wellicht deze van het Koninklijk Belgisch Filmarchief Brussel. De collectie, die vermoedelijk meer dan 30.000 affiches telt, dateert in hoofdzaak van na 1960 en is dus complementair te noemen met deze van het Stadsarchief. Van de KBFA-collectie zijn inmiddels meer dan 20.000 affiches geïnventariseerd.

6 Nijs 2011; Nys 2011.

stiefmoederlijk behandeld. De meeste publicaties over het onderwerp vallen in de categorie 'salontafelboeken' of zijn anekdotisch van aard – veel illustraties, weinig context. Met de regelmaat van de klok verschijnen er wel afficheboeken die toegespitst zijn op specifieke periodes of filmgenres,[7] maar ook hier ontbreekt doorgaans diepgaand wetenschappelijk onderzoek. Uitzonderingen zijn onder meer de (kunst)historische en comparatieve benadering van Gregory J. Edwards' *The International Film Poster,*[8] het standaardwerk van de verzamelaars Serge en Florence Zreik, *Souvenirs d'Hollywood. Affiches du cinéma américain, 1925-1950,*[9] waarin overigens de Belgische affiche zeer goed vertegenwoordigd is, of meer recent de studie van Sim Branaghan over de Britse filmaffiche (2006).[10] Een en ander valt te verklaren door het efemere en commerciële karakter van filmaffiches. Het waren parafernalia van een industrie die handelde in films en de bedoeling had deze middels affiches zo efficiënt mogelijk aan de man te brengen.[11] De affiches werden veelal door anonieme tekenaars om den brode ontworpen, wat maakt dat de artistieke waarde van de affiche door de kunstwereld lange tijd als miniem beschouwd werd. Wat geldt voor de internationale filmaffiche, geldt des te meer voor het Belgische filmplakkaat. Hierover zijn de publicaties letterlijk op een hand te tellen. Uit verzamelaarshoek komt het werk van Robbe De Hert en Rik Stallaerts, *Binnenkort in deze zaal. Kroniek van de Belgische filmaffiche*, een veeleer anekdotisch, maar rijkelijk geïllustreerd werk.[12] Vanuit kunsthistorische hoek werd vooral het werk van een aantal getalenteerde tekenaars zoals de surrealistische schilder René Magritte (1898-1697) of Julien 't Felt (1874-1933) belicht. Een autoriteit op dit gebied is Karl Scheerlinck, die ook voor dit cahier een bijdrage verzorgde.[13]

Bij verzamelaars uit de hele wereld zijn de Belgische affiches gegeerd omwille van hun vaak uitzonderlijke stijl, relatief beperkte oplage en verzorgde productie. De prijs voor originele affiches kan oplopen tot vele honderden euro's, afhankelijk van de periode, de staat, het genre en de op de affiche aangeprezen film. Vooral de vraag naar affiches van bekende filmklassiekers is groot. Het spreekt voor zich dat er wel veel expertise over de Belgische filmaffiche aanwezig is bij de verzamelaars in binnen- en buitenland. Dankzij het internet wordt deze informatie nu ook met mondjesmaat beschikbaar.[14]

De bijdragen aan dit Salsa!-Cahier nemen de filmaffichecollectie van het SAL als uitgangspunt voor studies over zowel de filmaffichekunst als de bioscoop- en filmgeschiedenis. In een eerste hoofdstuk benadert Karl Scheerlinck de filmaffiches uit de collectie vanuit een kunsthistorisch perspectief. Hij geeft hierbij een overzicht van belangrijke actoren en trends. De bijdrage van Pascal Lefèvre, die inzet op de beeldanalyse van een aantal concrete affiches, is hiermee complementair te noemen. In een derde hoofdstuk geeft Leen Engelen aan hoe filmaffiches als een bijzonder rijke historische bron voor de bioscoopgeschiedenis kunnen fungeren. Zowel Joachim Nijs als Roel Vande Winkel zoomen verder in op de geschiedenis van de Leuvense bioscopen. Nijs bekijkt hierbij de geschiedenis van bioscoop Louvain Palace / Forum (1914-1981), de langstlevende bioscoop van de stad en Vande Winkel gaat in op de oorlogsjaren.

7 Zie bijvoorbeeld: Nourmand & Marsh 2002, 2005, 2006a, 2006b.

8 Edwards 1985.

9 Zreik & Zreik 1986.

10 Branaghan & Chibnall 2006.

11 Vanuit deze invalshoek waren filmaffiches sporadisch het voorwerp van wetenschappelijk onderzoek. Vermeldenswaard is hier het artikel 'Announcing Wares, Winning Patrons, Voicing Ideals: Thinking about the History and Theory of Film Advertising' van Janet Staiger (Staiger 1990).

12 De Hert & Stallaerts 1995

13 Zie onder meer: Scheerlinck 1995, 2010; Scheerlinck 1991

14 Zie bijvoorbeeld www.posteritati.com; www.movieposterdb.com; www.belgianoriginalmovieposter.com

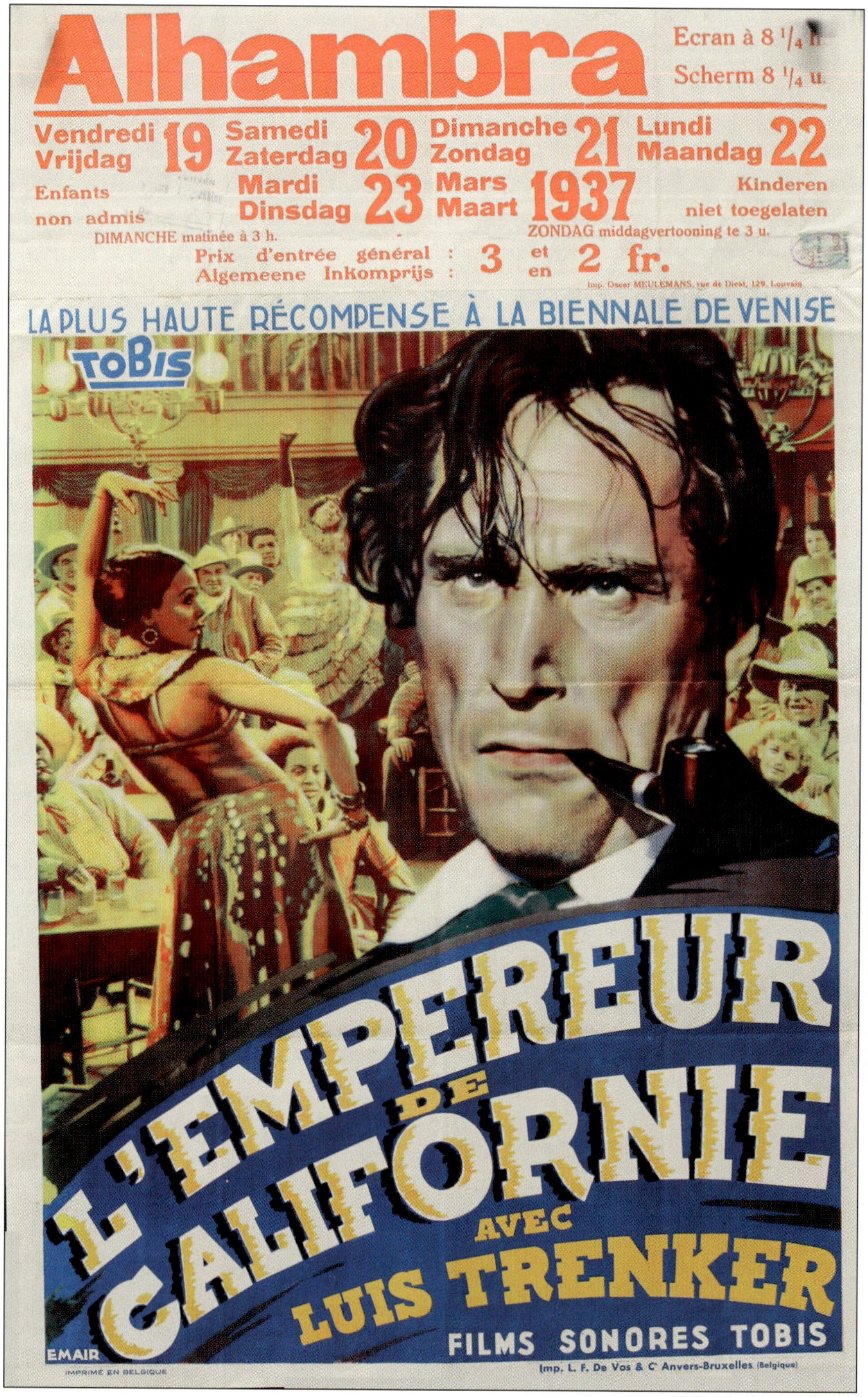

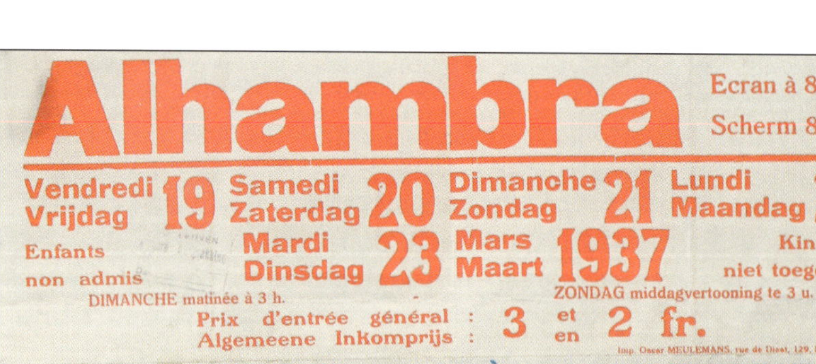
Alhambra
Ecran à 8 1/4 h
Scherm 8 1/4 u.
Vendredi Vrijdag 19
Samedi Zaterdag 20
Dimanche Zondag 21
Lundi Maandag 22
Enfants non admis
Mardi Dinsdag 23
Mars Maart 1937
Kinderen niet toegelaten
DIMANCHE matinée à 3 h. - ZONDAG middagvertooning te 3 u.
Prix d'entrée général : 3 et 2 fr.
Algemeene Inkomprijs : 3 en 2 fr.
Imp. Oscar MEULEMANS, rue de Diest, 129, Louvain
LA PLUS HAUTE RÉCOMPENSE À LA BIENNALE DE VENISE
TOBIS
L'EMPEREUR DE CALIFORNIE
AVEC
LUIS TRENKER
FILMS SONORES TOBIS
EMAIR
IMPRIMÉ EN BELGIQUE
Imp. L. F. De Vos & Cie Anvers-Bruxelles (Belgique)

1. Belgische filmaffiches, een vak apart. Een kunsthistorische terreinverkenning

Karl Scheerlinck

Van alle genres van het Belgische reclameontwerp heeft het filmaffiche tot op heden het minste aandacht gekregen, althans vanuit kunstwetenschappelijke hoek. In schril contrast daarmee staat de belangstelling die de zogenaamde *movie poster* bij verzamelaars en dealers, zowel lokaal als internationaal, geniet. De weinige bijdragen – in gedrukte of elektronische vorm uitgegeven – hadden vooral betrekking op het voorwerp van de aankondiging, zeg maar de film zelf en zijn vedetten, en niet op de wijze van promotievoering. Ook in de talrijke (zogenaamde of effectieve) overzichten van Belgische affichekunst schittert het Belgische *cinéplakkaat* door afwezigheid. De hiaten in de museumverzamelingen waarop die retrospectieven eenzijdig gebaseerd waren, zijn daarvoor ten dele verantwoordelijk.[1] Op hun beurt zijn die lacunes het gevolg van de miskenning van de artistieke merites van het genre. Het (Belgische) affiche-historisch onderzoek van de jaren 1975-1985 richtte zich op de artistieke bovenlaag en peilde nauwelijks naar de bredere basis. Nochtans kan enkel wie de rijke schakeringen van de afficheproductie in kaart brengt, zich – zo dat al gewenst is – wagen aan een hiërarchie van zgn. hoge en lage kunst. Daarenboven inspireerden die eerste retrospectieven en catalogi zich op een weinig standaardwerken uit de tijd van de affichemanie, eind negentiende, begin twintigste eeuw. Het filmwezen stond toen nog in zijn kinderschoenen.

Pas toen in de jaren negentig van vorige eeuw het diepte- én breedteonderzoek naar de geschiedenis van het Belgische affiche op kruissnelheid kwam, groeide de aandacht voor subcategorieën van de afficheproductie. Door een inhaalbeweging op het vlak van ontsluiting van heemkundige, gemeentelijke, provinciale en rijksarchieven en –collecties, kwamen enkele

1 De meeste overzichtstentoonstellingen en -publicaties van de jaren tachtig baseerden zich op kunsthistorisch belangwekkende verzamelingen als die van de Koninklijke Bibliotheek Albert I, de Koninklijke Musea voor Schone Kunsten van België (Brussel), het Museum van Elsene, het Museum Vleeshuis (Antwerpen) en het Musée de la Vie Wallonne (Luik). In geen enkele van deze museumcollecties is het Belgische filmaffiche sterk vertegenwoordigd.

onvermoed rijke fondsen aan de oppervlakte.[2] In tegenstelling tot de kunsthistorische musea bieden deze deelverzamelingen doorgaans een dwarsdoorsnede van wat in een bepaalde periode op een concrete plek aangeplakt werd (c.q. waarvan het bij de lokale politie gedeponeerde exemplaar toeliet te controleren of de voorgeschreven taks betaald werd en de publicitaire boodschap niet aanstootgevend of strafbaar was). Ook filmaffiches werden zonder enig esthetisch onderscheid (bijvoorbeeld op basis van de renommee van de tekenaar of de uitgever) in deze collecties opgenomen.

In 1995 mondde het onderzoek naar het oeuvre van de getalenteerde Belgische ontwerper en uitgever van filmaffiches, Julien t'Felt uit in een retrospectieve.[3] Nog in het kader van het eeuwfeest van de film verscheen een sympathieke themapublicatie over het Belgische filmaffiche. De auteurs, gerenommeerde filmfanaten, brachten een selectie van 400 werken voor het voetlicht en kruidden deze met talrijke documentaire wetenswaardigheden en anekdotes.[4]

Vandaag mogen we ons verheugen in een academische belangstelling. Vooral de filmwetenschappers laten zich daarbij niet onbetuigd, zie ook het initiatief tot deze publicatie. Vormt de gebrekkige interesse vanuit kunstwetenschappelijke hoek misschien een zoveelste aanwijzing voor het artistieke niveau van de creaties zelf? De lauwe opstelling van de kunsthistorici ten opzichte van het Belgische filmaffiche contrasteert fel met het al aangehaalde enthousiasme van de verzamelaars, de handelaars, de veilinghuizen, zowel lokaal als mondiaal,[5] en van de pioniers-publicisten die zich aan het filmaffiche waagden. In de selectie van Jean-Louis Capitaine en Balthazar J.M. Charton *L'affiche de cinéma. Les plus belles stars d'Hollywood* (1983) is het soortelijk gewicht van het Belgische filmaffiche wel beduidend hoog, de grootte van ons land in acht genomen.[6] In hun *d' Hollywood Souvenirs. Affiches du cinéma américain 1925-1950* (1986) steken Serge en Florence Zreik de loftrompet van het (vooral vooroorlogse) Belgische bioscoopaffiche.[7] Ook het recente Amerikaanse *Art of the modern movie poster: International postwar style and design* (2008) sluit zich bij deze waardering aan.[8]

Hieronder willen wij in een historisch overzicht enkele karakteristieken van het Belgische filmaffiche in kaart brengen en deze confronteren met de geschiedenis van het Belgische affiche in de andere sectoren.

Trage doorbraak

1895 markeert zowel het begin van de cinema als de bloei van 'het kunstplakkaat' in België. Toch zou het nog tot de jaren twintig van de vorige eeuw duren vooraleer we van een echte afficheultuur voor het medium kunnen spreken. Al in het voorjaar van 1896 kon het Belgische publiek zich vergapen aan de 'Cinématographe Lumière': dat is nauwelijks enkele maanden na Parijs.[9] In tegenstelling tot Frankrijk – het gidsland voor België op affichegebied – leidde dat niet onmiddellijk tot de aanmaak van kunstaffiches.[10] In de jaren kort voor en na de eeuwwende

2 Voor het filmaffiche: zie onder meer het Stadsarchief Brussel, het Stadsarchief Gent en het Provinciaal Museum voor Fotografie Antwerpen.

3 Zie Scheerlinck 1995; Scheerlinck 1991, pp. 27-29, 183-209, 231-232.

4 De Hert & Stallaerts 1995.

5 Zie onder meer volgende catalogi van veilinghuis Christie's: "Hollywood Posters VI," 1994; "Vintage Film Posters including the Zreik Collection ", 1998 en de talrijke andere gespecialiseerde veilingcatalogi.

6 Capitaine & Charton 1983.

7 Zreik & Zreik 1986.

8 Salavetz, Drate, Sarowitz, & Kehr 2008.

9 In Brussel op 1 maart 1896 (Convents 2009, p. 29); in Antwerpen in het voorjaar van 1897 (Convents 2000, p. 226); in Gent in maart 1897 (Jonckheere 2007, p. 86).

10 We kunnen dit stellen met een aan zekerheid grenzende waarschijnlijkheid. In historische afficheverzamelingen als deze van het Antwerpse Museum Vleeshuis (nu AMVC-Letterenhuis) of het Museum van Elsene bevinden zich geen voorbeelden van die aard.

gebeurden de projecties van korte, stille films occasioneel in cinemabarakken op kermissen of in lokale variététheaterzaaltjes. Waren deze evenementen te kleinschalig of te experimenteel om de productie van lithografische reclamebiljetten te rechtvaardigen? In de lichtstad, met haar veel breder publieksbereik, werd de introductie van de cinema wel ondersteund door veelkleurige plakkaten. Die focusten zonder uitzondering op de attractiviteit van het prille medium of de faam van het productiehuis.[11] Vaak trad een bont allegaartje op, dat samenstroomde voor het wonder van de bewegende beelden. Soms kon in een tekstkader praktische informatie over de vertoning gedrukt worden. Op die manier kon men de zogenaamde passe-partoutbiljetten langere tijd, en voor diverse locaties, benutten. Door de koppeling aan klinkende ontwerpersnamen als Jules Chéret (1836-1932), Jules-Alexandre Grün (1868- 1934) en Francisco Tamagno (1851-1933) vergrootte het aura van de cinébranche nog.

Dat in de grote Belgische steden zelfs beeldaffiches van bescheidener signatuur voor die filmvertoningen ontbraken, terwijl die wel ten overvloede gemaakt werden voor verwante takken van het ontspanningsleven als revuetheater of sport, is hoogst verbazend.[12] Naast het nieuwe van het medium leende uitgerekend het spectaculaire karakter van die vroegste films zich tot kleurrijke visualiseringen op groot formaat. Niets van dat alles dus: we noteren enkel tekstplakkaten en een waaier aan klein promotionele typodrukwerk.[13] Met een veelheid aan letterkorpsen speelden die wel in op de nieuwsgierigheid en sensatiezucht van de kijker.

In de eerste decennia van de twintigste eeuw bleven de visuele prikkels vooral van deze nerveuze letterbiljetten uitgaan. Het beeldaffiche (of beter: een combinatie van tekst- en beeldaffiche) verscheen tergend traag, een goede twintig jaar later dan in de andere sectoren van de reclamevoering in ons land.

Vroegste lithografische beeldaffiches

Die tamme 'doorbraak' vond haar oorsprong in andere opmerkelijke ontwikkelingen. Zo opende Louis Van Goitsenhoven in december 1904 de eerste vaste Belgische bioscoop aan de Noordlaan 110 in Brussel.[14] In zijn filmaffiches voor dit 'Théâtre du Cinématographe' hield de Brusselse lithograaf Gérard Marci er compositietechnieken op na die analoog waren aan die van de circusplakkaten waarop zijn reputatie gebaseerd was. Het momentrealisme van *Catastrophe de Courrières*[15] en de feeërieke verbeelding van *La peine du Talion*[16], beide van 1906, zijn eveneens verwant aan de promotiebiljetten voor het lichte amusement. Merkwaardig hoe Marci in laatstgenoemde aankondiging twee gescheiden dramatische scènes van de korte film in één visueel verbluffend hoogtepunt wist samen te ballen.

Aan de Brusselse Noordlaan en haar omgeving ontstonden nog meer gelukkige initiatieven. Aan nummer 102 verrees in 1906 de 'Royal Bioscope', waarvoor Julien t'Felt een fraai invulaffiche tekende. Deze Antwerpse kunstenaar zette niet in op het gratuite spektakel maar trachtte met een allegorische voorstelling het *sérieux* van de vertoning te belichamen. Dit sluit aan bij de ontwikkeling, vanaf 1907, van variété naar langere speelfilms die met een verhalende structuur een meer elitair publiek aanspraken. Het wellicht vroegste beeldaffiche voor de Nederlandse filmwereld, een

11 Zie onder meer Capitaine 1991.

12 Zie bijvoorbeeld de voor Antwerpen relevante affichefondsen in het Stadsarchief Antwerpen: *Iconografie*, 49D. *Maatschappijen* en *Modern Archief*, 1099/92. *Gemeentefeesten 1896*, 2. *Programma. Kredieten* e.a. tot en met *Modern Archief*, 1175/1. *Gemeentefeesten 1914*, 2. *Gemeenteplakkaten*. Zie hierover Scheerlinck, 1991, p. 248.

13 Zie voorbeelden uit de verzamelingen van het Stadsarchief en de Universiteitsbibliotheek, beide Gent, in onder meer Convents 2000, p. 82 en de Herdt, Deseyn, & Gerda 1984, p. 174.

14 Convents 2000, p. 303.

15 Private verzameling Serge Zreik, Parijs.

16 Verzameling Stadsarchief Brussel.

passe-partout die ook al op naam van t'Felt staat, mikt in beeldtaal en stijl resoluut op deze geëmancipeerde en kapitaalkrachtige bovenlaag.[17]

In 1904-1905 was de affichemanie over haar hoogtepunt heen en vielen (nationale of lokale) grootheden nog maar moeilijk voor filmafficheopdrachten te strikken. Men opteerde dan ook voor in bepaalde subgenres gespecialiseerde vaklui als de Brusselse, respectievelijk Antwerpse lithografen Marci en t'Felt. Beiden hadden met hun circus- en toneelplakkaten een reputatie verworven, die vertrouwen wekte bij de nieuwe klanten uit de wereld van de cinema.

Haastwerk

Pas vanaf 1918 deed de *boom* van bioscopen in de stad en op het platteland, samen met de georganiseerde verdeling van rolprenten, een voldoende grote vraag naar cinema-affiches ontstaan om eigen uitgaven te verantwoorden. Die *cinéplakkaten* hadden bijna zonder uitzondering betrekking op buitenlandse titels. En dat had zo zijn gevolgen voor de wijze van produceren en voor de kwaliteit van het eindproduct.

De Amerikaanse affiches droegen geen signatuur. In de jaren dertig zou elk verdeelhuis wel een eigen grafische stijl nastreven, waaraan het team van medewerkers zich moest houden.[18] In Europa verscheen naast anoniem ook gehandtekend werk. Onder meer Frankrijk rekende grote namen uit de kunstwereld tot haar grafici: zo de reeds genoemde Chéret, Tamagno en Grün en later, tijdens het interbellum, Paul Colin (1892-1985) en Jean-Adrien Mercier (1899-1995). België kende in de jaren twintig slechts een beperkte filmproductie maar distribueerde films, overigens aan een hels tempo. In plaats van de buitenlandse modellen te hergebruiken, maakte men in regel nieuwe affiches voor de verschillende bioscoopuitbaters. In de jaren twintig wisselden de zalen door de massale belangstelling snel van programma. De filmverdeler had zijn reclamebiljetten op korte termijn nodig en verkoos een tijdige levering van in het genre gespecialiseerde drukkers boven de onzekerheid van steeds andere lithografen.

Juist die snelheid maakte dat, anders dan tot nog toe werd aangenomen, onze tekenaars wel eens leentjebuur speelden in het buitenland: zeker wanneer het om een grafisch sterke creatie ging. De originele ontwerpersnaam werd meer niet dan wel vermeld.[19] Ook het Stadsarchief Leuven beschikt zo over een representatief staal gekopieerde werken.[20] Zo is bijvoorbeeld het iconische *Casablanca* een adaptatie van het Amerikaanse model (ill. 1).

De vroegste Belgische beeldaffiches overtuigden allesbehalve, zo laten de niet malse commentaren bij wat toentertijd geafficheerd werd, verstaan. De Franse filmcriticus L. Moussinac (1890-1964) ventileert in een Belgisch vakblad m.b.t. publiciteit zijn ongenoegen als volgt: '(...) Et combien l'affiche de cinéma a rebuté de bonnes volontés! Car elle est non seulement médiocre, laide, mal composée, mais elle accuse encore un faux réalisme et une vulgarité qui soulèvent l'indignation. Comment pourrait-on être retenu par des placards aux couleurs si mal assemblées où quelque héros grimançant fait un geste ridicule, s'occupe à quelque tâche répugnante? (...)'[21] Het profiel van de opdrachtgever is niet geheel

17 Het gaat om een fraai affiche voor de eerste Nederlandse bioscoop: *Cinéma Parisien* in Rotterdam (1909) (verzameling Nederlands Filmmuseum, Amsterdam).

18 Capitaine & Charton 1983, p. 11.

19 Er zijn ook een aantal affiches waarop de naam van de originele tekenaar wel vermeld staat. De vermelding luidt dan: 'd'après …'.

20 B.v. *Anny… music-hall* (SAL, filmaffichecollectie, 18/3/4) bevat de handtekening van Fransman Roland Coudon; *Le bonheur* (SAL, filmaffichecollectie, 18/3/5) en *Maurice Chevalier avec le sourire* (SAL, filmaffichecollectie, 29/1/15) vermelden de Franse ontwerper Jean-Adrien Mercier niet. Gil Buridant wordt correct opgegeven als bron van *Les ailes dans l'ombre* (SAL, filmaffichecollectie, 25/2/7). In *Monsieur Hector* (SAL, filmaffichecollectie, 4/3/16) werd het beeldbepalende hoofd van Fernandel overgenomen zonder enige verwijzing.

21 Moussinac 1923.

LOVANIUM
vertoont
deze week
présente
cette semaine
WARNER BROS
First National Films, Inc.
présente
Humphrey
BOGART
Ingrid
BERGMAN
Paul
HENREID
dans
Casablanca
Avec
CLAUDE RAINS
et
SIDNEY GREENSTREET
Mise en Scène de MICHAEL CURTIZ

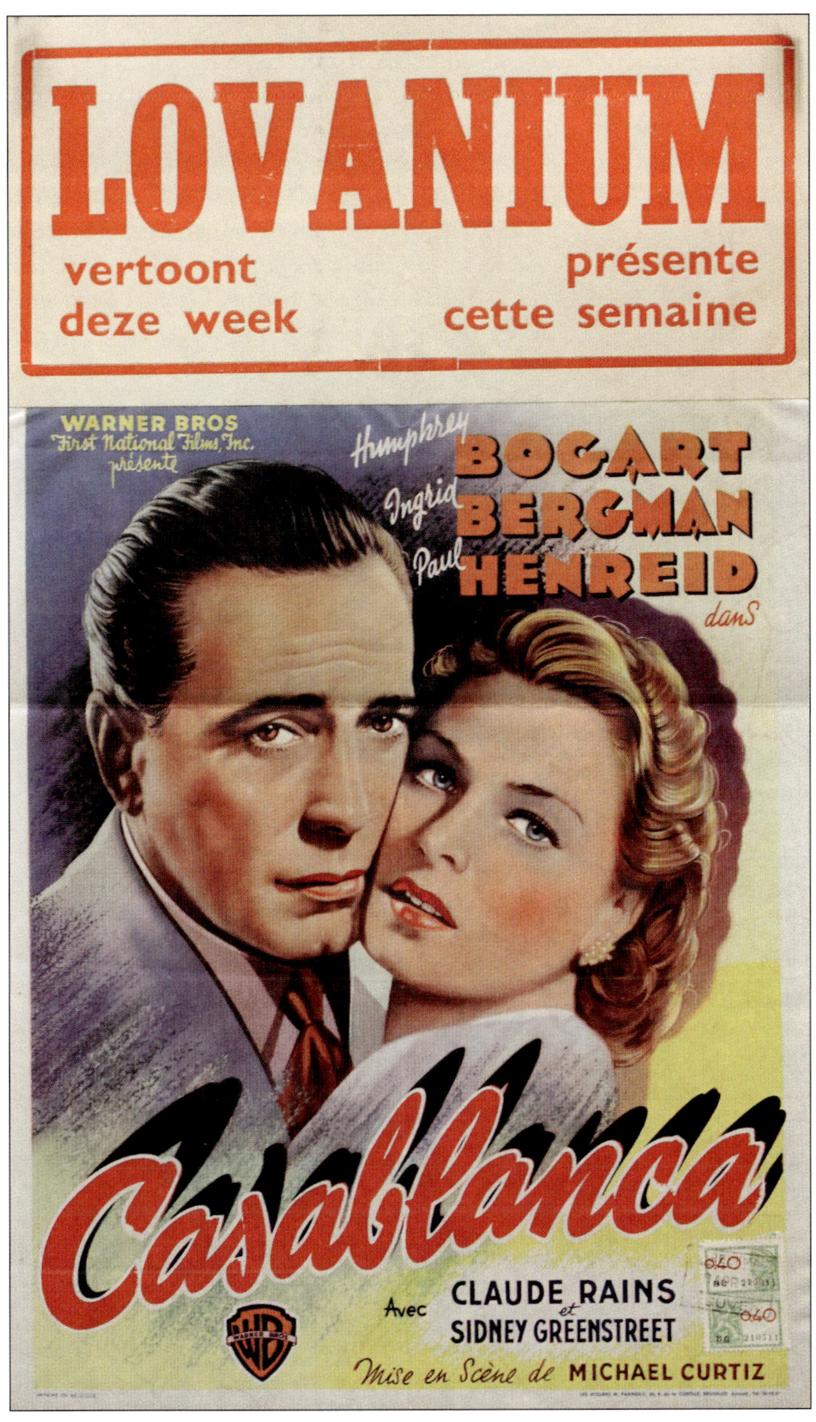

1

vreemd aan die gebrekkige kwaliteit. In tegenstelling tot de filmproducenten waren de plaatselijke filmverdelers die zich over de publiciteit ontfermden, niet gelieerd aan de artistieke wereld. Hun commerciële insteek bracht hen als vanzelf bij uitgevers die om hun snelle en betaalbare vervaardiging bekend stonden: gespecialiseerd in reclamegrafiek voor laagdrempelig entertainment als volkssporten, revue, musichall en populair theater. Een aantal onder hen had zich vanuit de typografische traditie gaandeweg op de lithografie toegelegd en streefde veeleer financieel gewin dan artisticiteit na. De vakpers hekelde, zoals al aangegeven, dit manco. Het medium zag zich in deze periode dus verplicht om op korte tijd zijn bestaansrecht op te eisen en te verdedigen.

Specialistenwerk

Sommige uitgevers genoten juist krediet omdat ze aan hun drukkersmetier een academische opleiding en carrière als kunstschilder konden koppelen. Het meest succesvolle voorbeeld hiervan is de hoger genoemde Julien t'Felt (1874-1933). Hij stamde uit een drukkersfamilie en studeerde tussen 1888 en 1894 aan de Antwerpse Academie. Samen met vader Charles en broer Albert runde hij in de Scheldestad een lithobedrijfje, waar zes tekenaars en een twaalftal arbeiders tot 1914 aan de lopende band plakkaten maakten: vooral invulaffiches en passe-partoutprenten voor toneel en revue. Zijn breedvoerige, humoristische voorstellingen en directe, soms bijtende tekenstijl maakten hem tot een meester-manipulator van het volkse publiek. Dankzij een commerciële vertegenwoordiging in Brussel en Rotterdam was zijn afzet groot.

Na de Eerste Wereldoorlog trof t'Felt in Antwerpen een leeggeplunderde drukkerij aan. Hij beschikte niet over kapitaal om de zaak te heropenen en ging freelance voor andere broodheren werken. Onder hen *Delko*, de Antwerpse typo- en lithodrukkerij van Delplace en Koch, die zich toelegde op filmaffiches. Nog vier anderen waren van t'Felts vooroorlogse familiebedrijfje mee overgekomen naar *Delko* en bekwaamden zich in het *cinemaplakkaat*: Brusselaar Jef Van Humbeeck, Antwerpenaren Aloïs van den Bussche (1896-1962), Jef Weyn en Edouard Daems. Ook de jonge garde tekende present: Lode Sebregts (1906-2002), Jan Hassink (1892-1967) en Jan Monden (1908-1978).[22] Naar het voorbeeld van de meester plaatsten ze doorgaans een signatuur of monogram op hun werk. t'Felt voelde zich veeleer scheppend kunstenaar dan publiciteitstekenaar. In zijn cinemaontwerpen bestreek hij dan ook een veel breder spectrum dan zijn collega's: zowel vanuit iconografisch, stilistisch als technisch oogpunt.

In regel benaderde de klant in dat decennium dus niet de tekenaar maar een uitgeverij-drukkerij. Nog belangrijke firma's waren *Litho du Sud* (Luik), *Affiches d'Art Léon Clément & Cie* en *Litho L. & H. Verstegen* (beiden Brussel), *Litho Fr. De Smet* (Antwerpen). De drukkerijen hadden een aantal lithografen en arbeiders in vaste loondienst. Hoewel de tekenaars meestal in freelanceverband werkten, associeerden zij zich doorgaans met één huis. Dat weerhield sommigen er niet van tegelijk voor de concurrentie of voor eigen rekening te werken.[23]

De top van de jaren twintig

Behoorlijk wat filmaffiches toen waren toen in hetzelfde bedje ziek als de andere genres van het Belgische publiciteitsontwerp. In tegenstelling tot het buitenland was er in België tot 1926 geen gespecialiseerde opleiding ter zake. Veel affichetekenaars beschouwden hun werk als een verlengstuk van de vrije schilderkunst en gingen voorbij aan de intrinsieke eisen van het medium. Schilderachtigheid en

22 Zie gesprekken Karl Scheerlinck met Julien t'Felt junior (zoon) en met Lode Sebregts, leerling van t'Felt: Antwerpen, 19 en 25 mei 1988, 20 juli 1995 respectievelijk 19 juli 1995.

23 Zo tref je de naam van John Janssens (1879-1961), medewerker van *Delko*, aan op bij *De Smet* uitgegeven biljetten of met vermelding van zijn privéadres. Daardoor wekte de tekenaar de indruk zelf over een lithoatelier te beschikken hoewel hij de klus bij *Delko* geklaard had.

anekdote haalden het van beeldeenheid en heldere communicatie. Te veel tekstuele informatie bracht de spankracht van het *filmplakkaat* in het gedrang. De filmtitel, de namen van het verdeelhuis, de producent, de regisseur en de acteur(s): allemaal vochten ze om een waardig plaatsje in het geheel. Supplementair moest men nog plaats vinden voor de bioscoopnaam en de aanvangsuren.

Julien t'Felt en een anonieme medewerker van *Léon Clément & Cie* beperkten de schade door beheersing van het aantal lettertypes en door een uitgekiende plaatsing van de tekst: geïntegreerd in het beeld of teruggedrongen in bewust gepositioneerde zones of balkjes. Deze grafici banden het realisme niet, wel integendeel. Ze onderscheidden zich van hun collega's met een uitgebalanceerde bladopbouw, ook in de diepte. Door het aanbrengen van een schaduwpartij van het hoofdmotief uit het voorplan, het schematischer, grafisch of zelfs abstractcoloristisch uitwerken van het achterplan, bereikten ze een hiërarchie tussen vorm en restvorm. Die kwam de attractiviteit en leesbaarheid van de visuele boodschap ten goede.

t'Felt was een van de weinige tekenaars die het experiment niet schuwde. Het hoge productietempo bracht immers een zekere routine met zich mee: sommige portretten met egale achtergrond zijn op de acteur, kleurstelling en belettering na, inwisselbaar. Een van *Cléments* medewerkers was de getalenteerde (maar nobele onbekende) Georges Rader. Hij besteedde grote zorg aan het aangezicht: een scherp silhouet, diepe ogen met een indringende blik, afgelijnde wenkbrauwen en blozende wangen.[24]

In 1926 werden instituten met een gespecialiseerde opleiding publiciteitsontwerp opgericht: de Vrije Akademie (Antwerpen) en het Hoger Instituut voor Sierkunsten Ter Kameren (Brussel). Maar net als de gelijktijdige doorbraak van Leo Marfurt en Francis Delamare, pioniers van de vernieuwing van de Belgische affichekunst, liet dit bitter weinig sporen na in het lichte genre van het filmaffiche.

Een uitzondering vormen bijvoorbeeld de aankondigingen voor de Antwerpse 'Cinéma Zoologie'. De Koninklijke Maatschappij voor Dierkunde, uitbater van de bioscoop, verzorgde de publiciteit zelf en deed doorgaans een beroep op *drukkerij De Smet* die ook haar ander promotioneel en gelegenheidsdrukwerk verzorgde. Deze Antwerpse firma had een uitstekende reputatie in de andere sectoren als het commerciële, toeristische en socioculturele affiche, waar wél een vinger aan de pols van de nationale en internationale artistieke vernieuwing gehouden werd. Jos Michielssen (1890-1944) streefde naar stabiliteit in zijn beeldopbouw en bracht het nodige evenwicht in zijn belettering.

In Brussel adapteerden grafici als Joseph Van den Bergh (1898-1966) en L. Lumen verworvenheden van de commerciële publiciteitsgrafiek op het vlak van lijnvoering, kleurstelling en kalligrafie in het besloten genre van het *cinébiljet*.

Stagnatie in de jaren dertig

Het bleef bij solitaire voorbeelden van onorthodoxie. Tegen de achtergrond van de doorgedreven vernieuwing in de jaren dertig laat het grootste deel van het Belgische filmaffiche een belabberde indruk na. Was het genre te veel verankerd aan zijn eigen (jonge) traditie en aan de veelvuldige eisen van een opdrachtgever die snelheid en winst boven creativiteit en moderniteit verkoos? In een (ook historisch) verwante sector als het theateraffiche daarentegen leidde de kruisbestuiving van grafische en dramatische vormexperimenten wel tot een nieuw elan.[25]

Net als in het vorige decennium hadden de filmdistributeurs weinig affiniteit met de artistieke wereld, laat staan met zijn avant-garde. Waren zij

24 Zie Voet 2010, p. 52. Verder onderzoek moet uitmaken wat mogelijk Raders aandeel in de niet gesigneerde affiches van *Clément* is.

25 Zie Scheerlinck 2010.

blind voor de eisen die het snellere levensritme de publiciteit had opgelegd? Het *cinéplakkaat* dat behalve aan de bioscopen ook op grote straatborden geplakt werd, ontsnapte daar nochtans niet aan.

Slechts een minderheid van grafici reageerde adequaat op de veranderingen in de wereld en de kunst. Zij reduceerden en stileerden hun motieven. Ze presenteerden ze in onvermengde kleuren en volgens een dynamisch maar stabiel geometrisch compositieschema. Deze Bauhaus-geïnspireerde tweedimensionale benadering vertaalde zich ook in een afgeslankte maar in het totaalbeeld geïntegreerde typografie. Een mooi voorbeeld hiervan is het affiche van *Liebelei* uit 1934, getekend L.G. uit *drukkerij Litho P. Verstegen* (ill. 2).[26] Het affiche van *La banque Nemo* (ill. 3) illustreert dat de inspiratie, opbouw en kleurstelling van sommige Belgische creaties opwindender ogen dan hun buitenlandse equivalenten. Vooral in het genre van de *comedy* kreeg het grafische, niet verwonderlijk, voorrang op het picturale.[27] Dat liet een karikaturale benadering toe maar leidde soms tevens tot naïeve en knullige voorstellingen.[28] Ook detectivefilms waren gebaat bij een getekende, stripmatige presentatie.[29]

Voor veel andere genres, zoals het drama, de avonturenfilm, de misdaadfilm, de oorlogsfilm of de western of documentaire konden de beeldregisters niet ver genoeg opengetrokken worden. Portretten van hoofdrolspelers wedijverden met al dan niet feeërieke decors; perspectieven en schalen werden even gemakkelijk verwisseld als voor- en achterplan schaamteloos

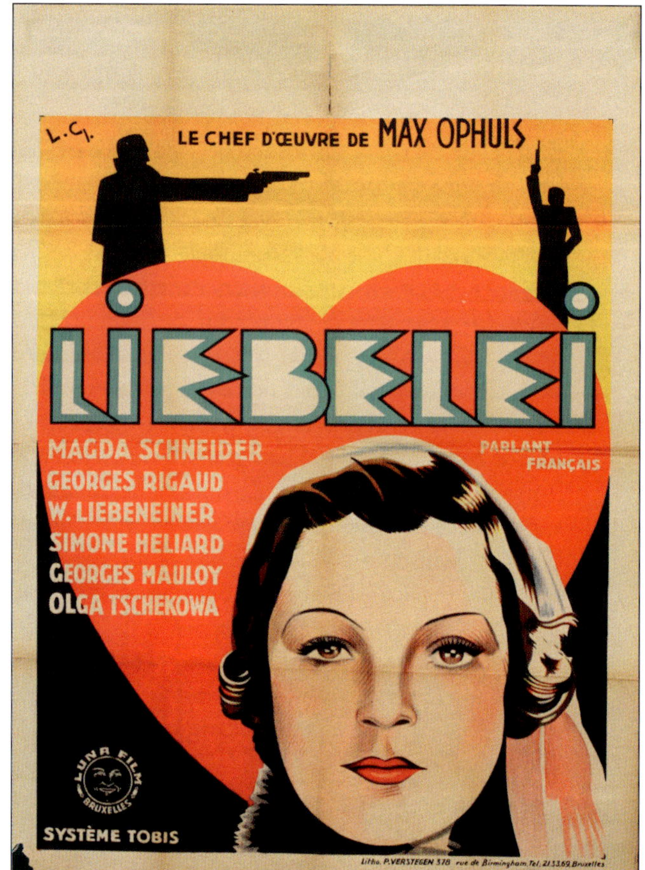

2

in elkaar geschoven. Mede onder invloed van de wetgeving omtrent het taalgebruik in België[30] voegde zich bij de al inflatoire tekstinformatie nog de Nederlandse vertaling of de Engelse originele titel. De veelheid aan tekstassen, letterkorpsen en -groottes zette de cohesie extreem onder druk. De typografische toevoeging of de gekleefde tekststrook met de plaatsnaam en het uurrooster van de vertoningen maakte het heteroclieten karakter van het affiche compleet. Meer dan in de jaren twintig moest in dit decennium het Belgisch filmaffiche ontleed en stukje bij beetje

26 Andere voorbeelden zijn: *L'homme à l'hispano* door Joseph Van den Bergh (SAL, filmaffichecollectie, 17/2/11), *L'ange gardien* (SAL, filmaffichecollectie, 18/3/12), *Knock* (SAL, filmaffichecollectie, 23/1/2), *Visages d'orient* (SAL, filmaffichecollectie, 25/4/6), *Moscou Shangaï* (SAL, filmaffichecollectie, 27/3/7), *La porte du large* (SAL, filmaffichecollectie, 37/3/11).

27 Zie bijvoorbeeld het affiche van *Le roi des Champs Elysées* (SAL, filmaffichecollectie, 16/2/15).

28 Zie bijvoorbeeld het affiche voor de Belgische klucht *Un gosse pour 100 000 Frs* (SAL, filmaffichecollectie 28/2/11).

29 Zie bijvoorbeeld: *Le triangle de feu* (SAL, filmaffichecollectie, 3/1/18).

30 Wet van 1932 m.b.t. het taalgebruik in bestuurszaken; wet van 1935 m.b.t. taalgebruik in gerechtszaken.

Alhambra
Ecran à 8 h.
Scherm te 8 u.
Vendredi Vrijdag 20 Lundi Maandag 23 Mardi Dinsdag 24 Mars Maart 1936
Enfants non admis
Kinderen niet toegelaten
Samedi 21 Mars, BAL DE GALA organisé par l'Ecole Moyenne
Dimanche Zondag 22 Mars Maart Half=Vasten BAL de Mi=Carême
avec MAX SLUIS et son Orchestre - met MAX SLUIS en zijn Orkest
Imp. Oscar Meulemans, rue de Diest, 129, Louvain
FILMS SONORES TOBIS PRÉSENTENT
VICTOR BOUCHER
DANS
LA BANQUE NEMO
D'APRÈS LA COMÉDIE DE LOUIS VERNEUIL
Les Ateliers MORICE PANNEELS

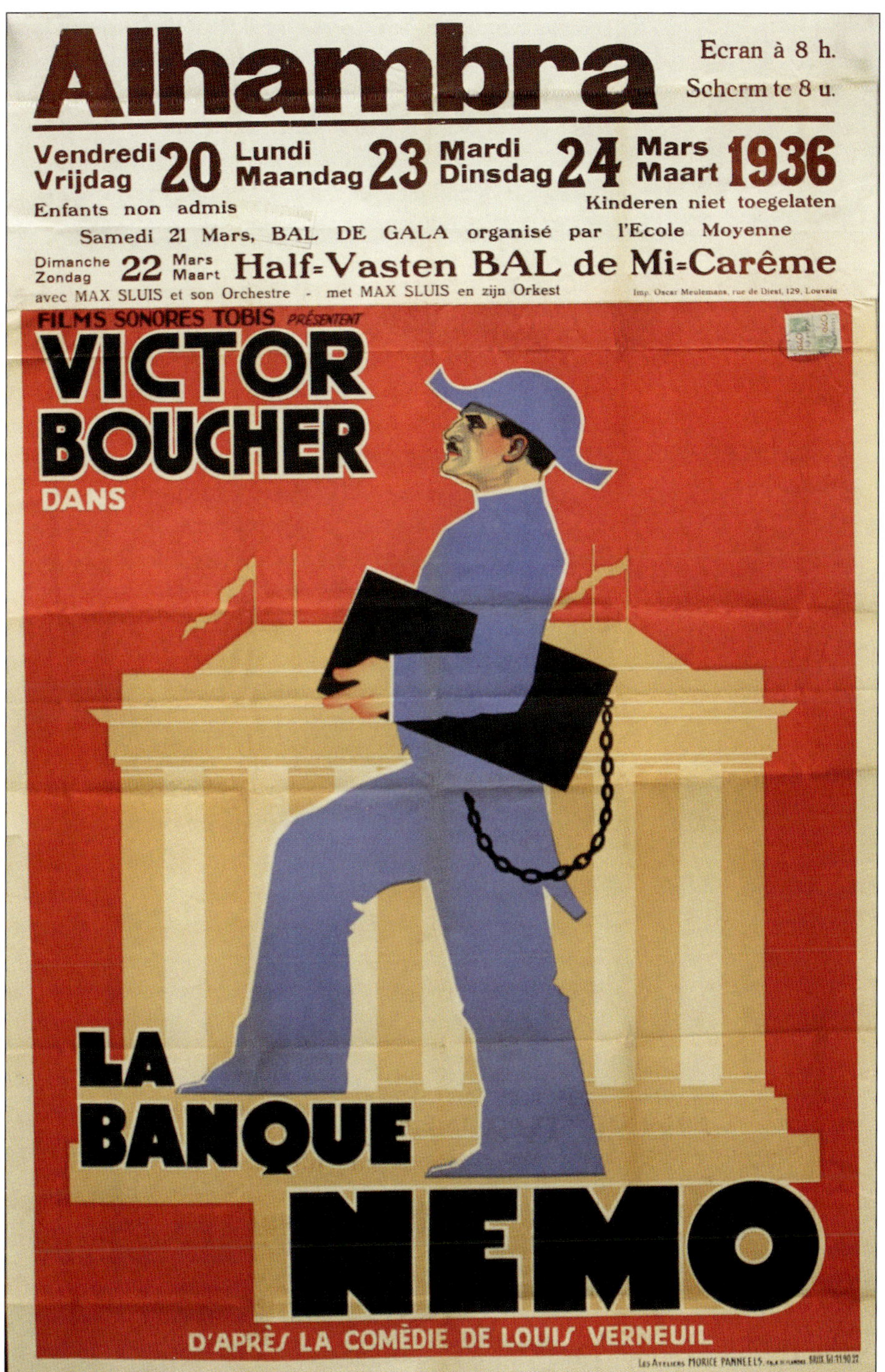

3

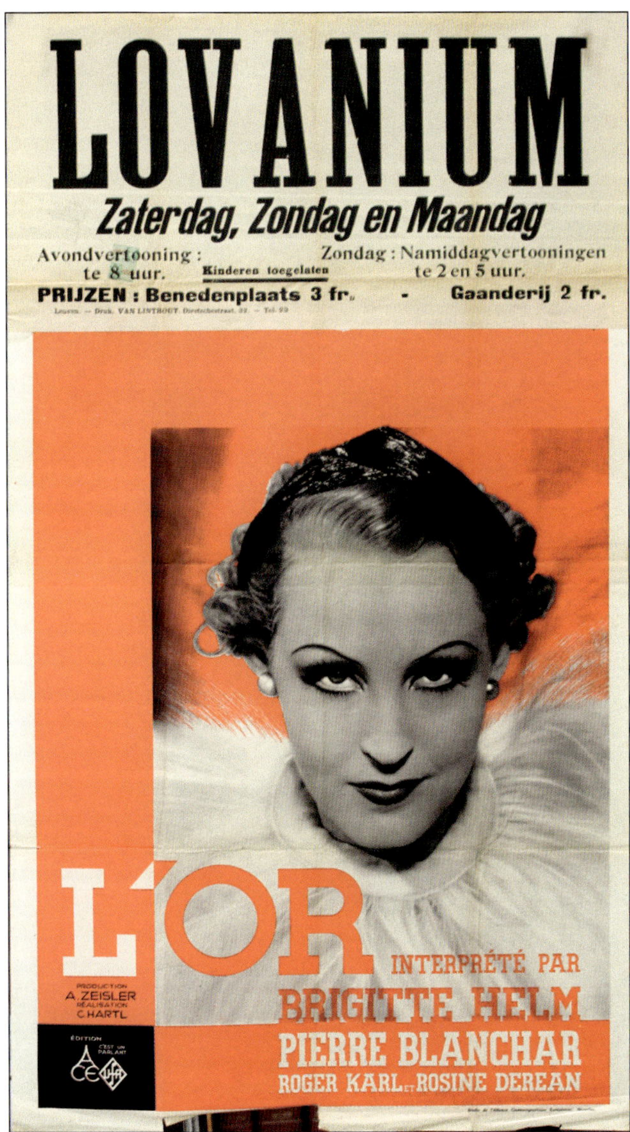

4

geïnterpreteerd worden. In een artikel over de toenmalige Belgische affichekunst werd het dan ook als het zwakke broertje van het reclameontwerp opgevoerd. De auteur wees op het gebrek aan professionalisme bij de uitvoerders: 'Que d'affiches, surtout celles de cinéma, sont d'une médiocrité effrayante. Où en faut-il chercher la raison? Dans le fait que peu de gens se rendent compte que seul le spécialiste est capable de créer une affiche (...)'.[31]

De filmverdeler droeg zelf bij tot de *horror vacui* van deze jaren-dertigprenten door de toename van het aangeleverde fotografisch promotiemateriaal, waarop de anonieme sneltekenaar zich moest inspireren als hij personages of scènes neerzette. Terwijl de oudste *cinemaplakkaten* nog zuiver lithografisch waren, geraakte nu de litho-offset in zwang. Die veranderde weinig aan het ambachtelijke karakter van het ontwerp: met lithokrijtje of penseel en litho-inkt rechtstreeks aangebracht op de drager. De soepele zinken plaat verving echter de zware lithosteen, waardoor de tekening niet meer spiegelverkeerd getekend moest worden.

Tijdens deze periode kreeg de fotogravure vooral in het Belgische propaganda-affiche (politiek en religie) een voet aan de grond. In het filmaffiche experimenteerde men weliswaar met nieuwe technieken onder de modern klinkende namen als Électrotypie of Procedé P.A.G. maar het resultaat overtuigde allerminst. Als was het om het zwart-wit van de filmprent te compenseren en het echtheidskarakter te confirmeren, kleurde men de foto in en vergooide zo een kans om het affiche meer samenhang te verlenen. Gaandeweg wisselden lithografisch getekende partijen (voor tekst en egale kleurvlakken) af met foto-offsetfragmenten (voor portretten en scènes). De introductie van deze laatstgenoemde techniek zou op termijn de kwaliteit van het Belgische filmaffiches naar beneden halen. Toch lichtten een aantal filmplakkaten, zoals dit voor *L'or* uit 1937 (ill. 4) juist op door de schittering van het eenvoudige zwart-witte fotobeeld, vakkundig geplaatst en voorzien van een kloeke typografie.[32]

31 Milo 1935, p. 29.

32 Andere geslaagde voorbeelden zijn *Adieu les beaux jours* (SAL, filmaffichecollectie, 10/1/3); *Les invités de 8 heures* (SAL, filmaffichecollectie, 17/1/9); *Mon coeur t'appelle* (SAL, filmaffichecollectie, 21/1/1); *L'enfer des anges* (SAL, filmaffichecollectie, 42/2/10); *La loi du Nord* (SAL, filmaffichecollectie, 42/3/2).

Ook René Magritte wijdde zich vanuit zuiver economische motieven aan het reclameontwerp. Zijn vroege creatie voor *J'ai tué* (1924) hield zich ver van het toen wijdverbreide detailrealisme. In de jaren dertig hernam hij om financiële redenen zijn publicitaire activiteiten. Onder het pseudoniem 'Emair' tekende hij tussen 1934 en 1936 (of 1938) tien affiches voor de Duitse geluidsfilmverdeler *Tobis Klang Film*. Het affiche van *Port Arthur* (ill. 5) dat zich in het Leuvense Stadsarchief bevindt, is niet opgenomen in de oeuvrecatalogus van Magritte die enkel filmaffiches van voor 1937 bevat.[33] Voor zover we kunnen nagaan, werd het exemplaar van het Stadsarchief Leuven eind 1937 aangeplakt. In vergelijking met vele anekdotisch overladen exemplaren ogen Magrittes filmaffiches relatief helder. Dat bereikt hij door een opdeling tussen voor- en achtergrond. In het affiche voor *L'empereur de Californie* creëert hij nochtans een druk achterplan, terwijl dat uitgerekend in het Duitse moederaffiche ontbreekt. Zijn overwegend commerciële insteek verleidde hem in dit en ander werk ook tot schaamteloos kopiëren van het originele affiche. Zo wijst een vergelijking met het Franse affiche uit 1936 uit dat het centrale beeld in Emairs *Port Arthur* (gerealiseerd voor *Les ateliers Morice Panneels*) een interpretatie van het Franse achterplan is.[34]

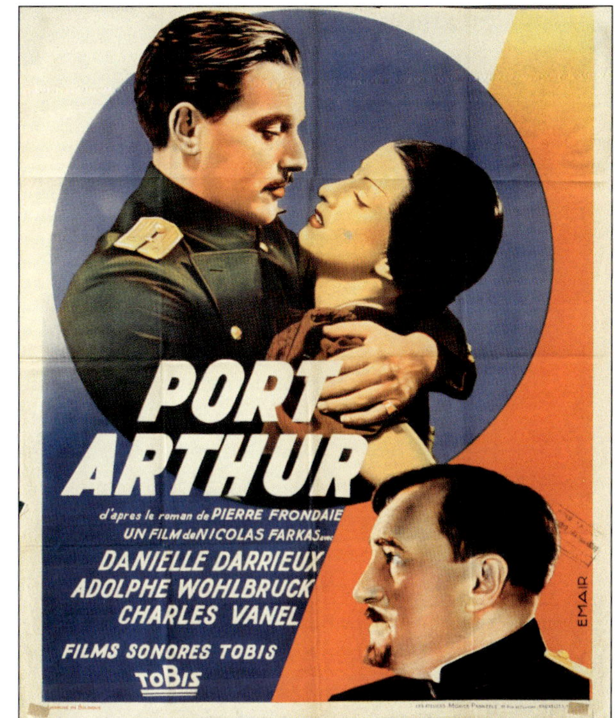

5

Globaal beschouwd zijn Magrittes filmaffiches meer *mainstream* dan zijn vrij schilderwerk uit diezelfde tijd. Met andere Belgische filmpubliciteit van die dagen hebben ze de fotografische presentatie van de hoofdrolspeler(s) en een beklijvende scène gemeen. Het bevestigt de reeds opgeworpen impact van de filmverdelers, die geen voeling hadden met wat er in de grafische wereld bewoog. *Magrittiaans* is wel de op een bioscoopscherm geënte kadrering van het centrale beeld in *Michel Strogoff*. Dat keert terug in zijn affiches voor de filmfestivals van Brussel 1947 en Knokke 1949.

Op een enkele straffe realisatie van Lode Ivo (1899-1996) na (ill. 6) verdwenen protagonisten uit het vorig decennium als *Delko* (t'Felt overleed in 1933) en *Litho du Sud*. De andere uitgeverijen bleven actief en er meldden zich ook nieuwe spelers op de markt: *L. F. De Vos & Cie* (Antwerpen, met een vertegenwoordiging in Brussel), en *Ciné Studio Ed. Ponsart* (Brussel). Een naam die de jaren twintig verbindt met de jaren veertig en zelfs later is *Maurice (Morice) Panneels*. Zijn drukkersatelier was achtereenvolgens op verschillende adressen in de hoofdstad gevestigd. Hij ontwikkelde een goed commercieel instinct en wist verschillende tekenaars voor zich te laten werken.

---

33 Schwilden 1998.

34 *Pension Mimosas* (SAL, filmaffichecollectie, 18/3/15) is een kopie van het Frans affiche: de achtergrond vervangt hij door een egaal kleurvlak met dobbelstenen. *L'empereur de Californie* (SAL, filmaffichecollectie, 25/3/12) is een kopie van het Duitse model: het voorplan identiek maar de tekst en het achterplan verschillen.

Zoektocht in de jaren veertig

In je oorlogsjaren bleef de bioscoop, niet geheel verwonderlijk, een erg populaire vorm van entertainment. Net als op de filmproductie- en vertoningssector kon de Duitse bezetter 'via de door de vakorganisaties gepubliceerde verordeningen en adviezen (...) "achter de schermen" invloed hebben op het filmaffiche en het reclameproces.'[35] De verordeningen hadden echter uiterst zelden impact op de voorstelling of de stijl van de affiches zelf.[36]

De combinatie van fotogravure en getekende partijen bleef populair. Een aankondiging van de Duitse komedie *Hurra! Ich bin Papa* (ill. 7) bezit de internationale klasse van een Ludwig Hohlwein (1874-1949). Voorlopig bestaat er geen materieel bewijs dat het om een kopie van een Duitse moederaffiche gaat. Hoogstwaarschijnlijk stond toch een (of) andere vorm van gebruiksgrafiek model voor de Belgische uitbeelding. Een affiche voor *Quax de brokkenpiloot*, eveneens door *Les Ateliers Morice Panneels* uitgegeven, lijkt verwant met een Zweeds plakkaat.[37] Verder onderzoek moet toelaten de schatplichtigheid van een deel van de Belgische filmaffiches aan buitenlandse modellen in kaart te brengen. Nog andere ontwerpen vertonen invloed van de stijl van de bezetter.[38] Sommige, zoals de aankondiging van de nazipropagandafilm *Stukas*, citeren letterlijk motieven van het origineel.[39] Andere ademen in hun soepele lijnvoering en eigentijdse kleurzetting de geest van de jaren veertig en vroege jaren vijftig.[40]

Meteen na de wereldbrand ontstonden bij onder meer *De Vos* en *Panneels* exemplaren die wel beantwoordden aan de eisen van het medium. Het aantal personages bleef beperkt en één pose, gelaatsuitdrukking of scène zette de toon van spanning, drama of actie. De grootste visuele kracht ontstond wanneer een staande figuur de verticaal georiënteerde compositie domineerde, en de tekst diagonaal of horizontaal gepositioneerd werd: bij voorkeur in een gering aantal lettersoorten en -groottes, en tegen een zo leeg mogelijke achtergrond (ill. 8). Sommige tekenaars speelden andermaal leentjebuur en kopieerden

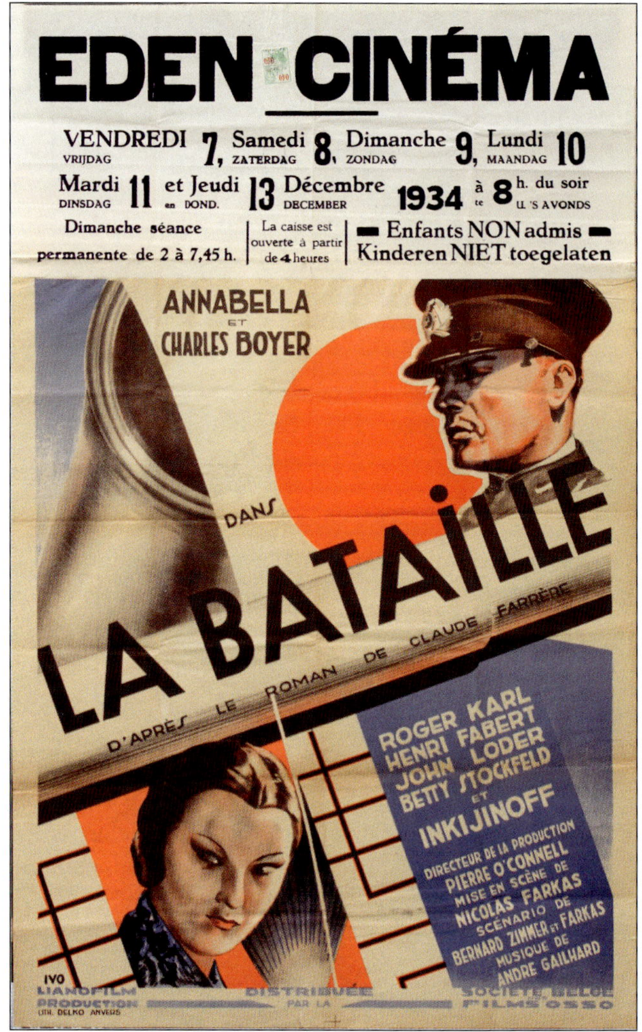

6

35 Van de Broek 2010, p. 189.

36 Van de Broek 2010, p. 191.

37 Vergelijk *Quax de brokkenpiloot* (SAL, filmaffichecollectie, 46/1/18) met *Quax alla tiders flygare* (1941).

38 Zie bijvoorbeeld het affiche voor *Erika* (SAL, filmaffichecollectie, 47/2/10).

39 Zie bijvoorbeeld het affiche voor *Stukas* (SAL, filmaffichecollectie, 48/1/7).

40 Zie bijvoorbeeld het affiche voor *Het was een ruischende balnacht* (SAL, filmaffichecollectie, 44/3/17).

CINE CITY
LEUVEN
van 3 tot 9
September
UFA
FILMS
HEINZ RÜHMANN
Hoera! ik ben Papa!
Hurra! Ich bin Papa!
ALBERT FLORATH · WALTER SCHULLER
CAROLA HÖHN · HANSI ARNSTÄDT
URSULA GRABLEY · MARIANNE STANIOR
REGIE: KURT HOFFMANN
CINE-ALLIANZ

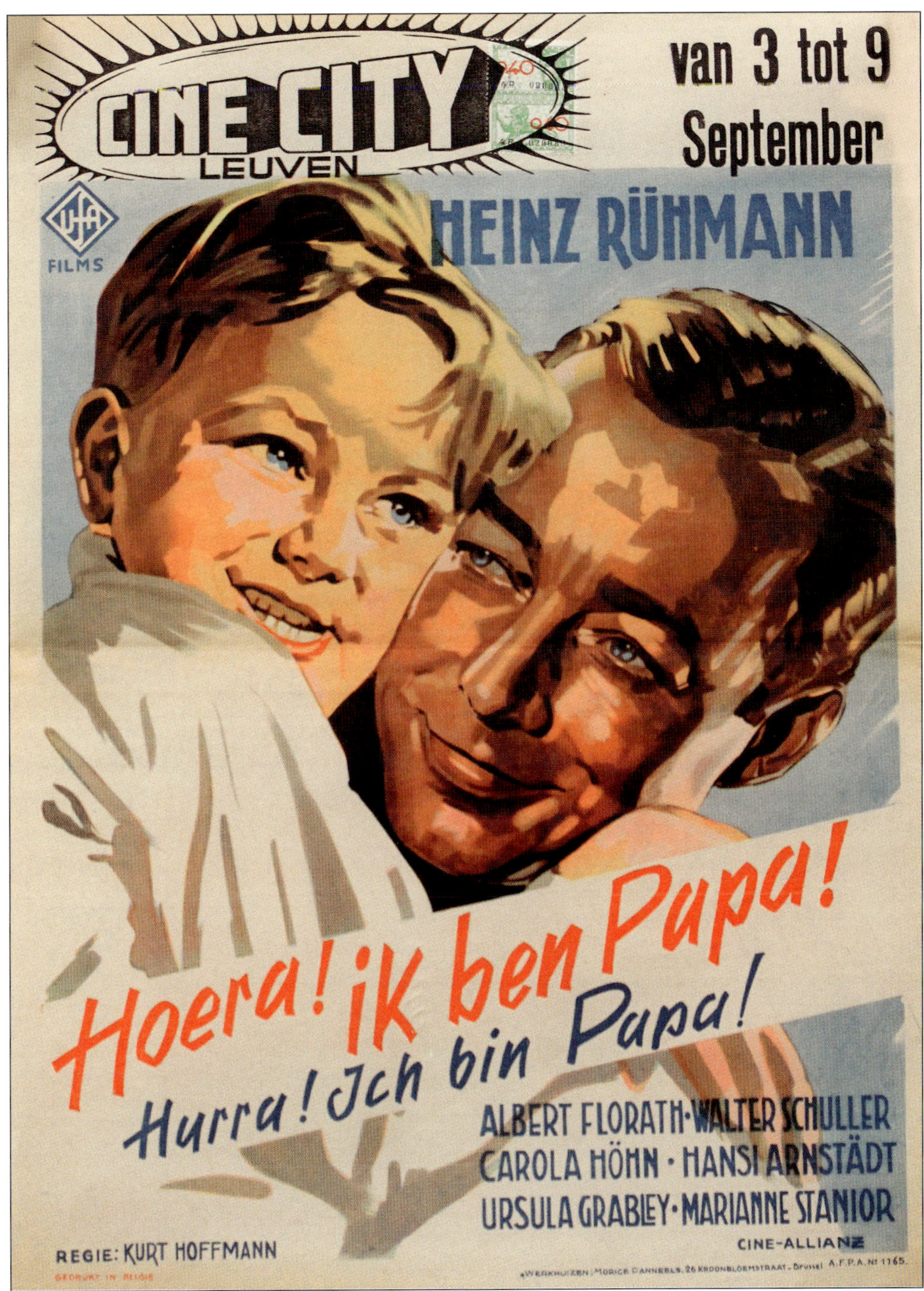

7

WARNER BROS. FIRST NATIONAL FILMS INC.
PRÉSENTE
ERROL FLYNN
LA PATROUILLE DE L'AUBE
DAVID NIVEN
DONALD CRISP
BASIL RATHBONE
MELVILLE COOPER
BARRY FITZGERALD
CARL ESMOND
MISE EN SCÈNE DE
EDMUND GOULDING
Warner Bros'
WB
Imp. L.F. DE VOS &Co 35-45, CANAL DE L'AMIDON, ANVERS
IMPRIMÉ EN BELGIQUE

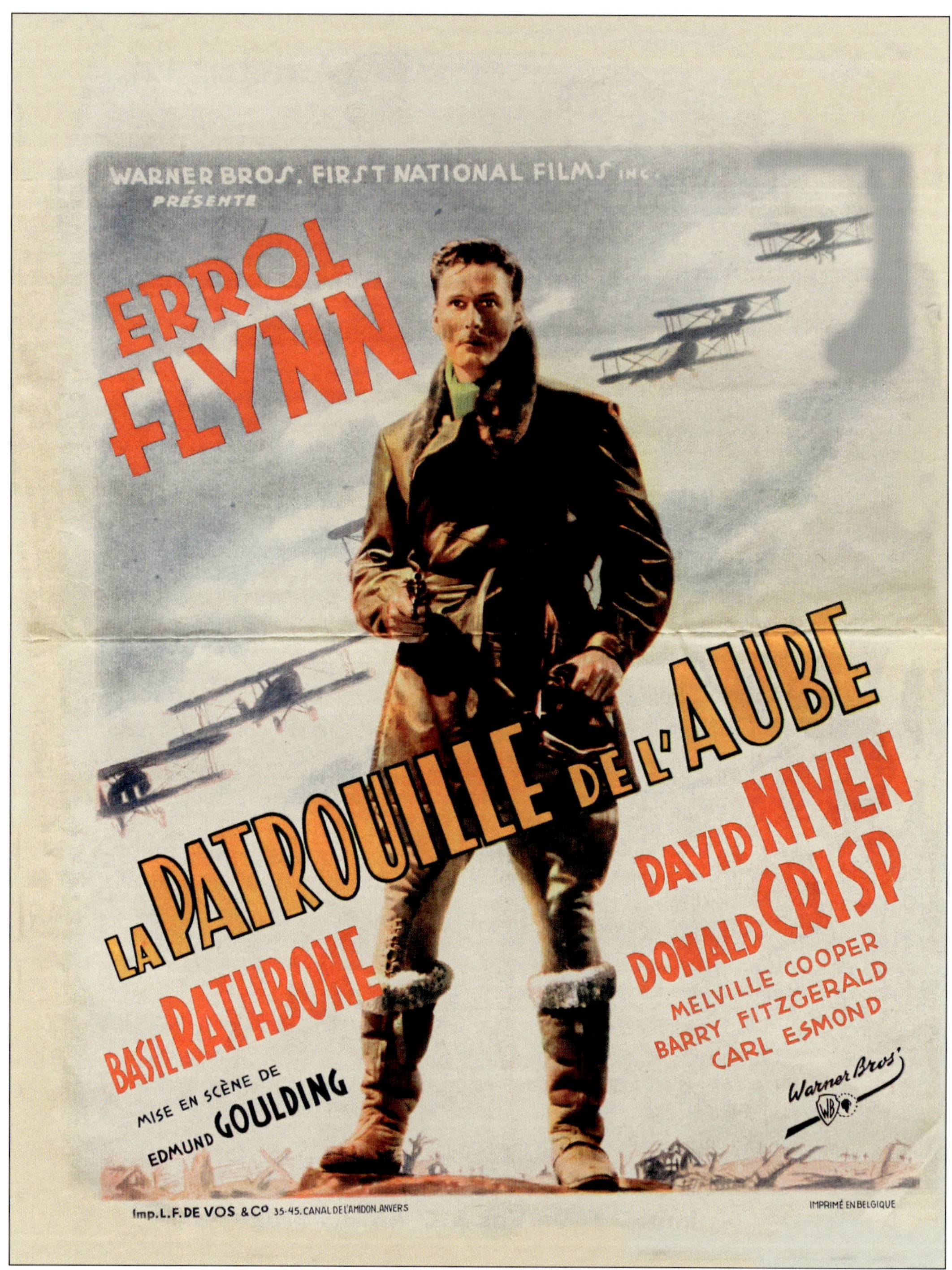

8

buitenlands promotiemateriaal. Zeker voor Hollywoodkaskrakers, waarrond al een beeldvorming ontstaan was, schuwde men deze techniek niet (ill. 1).

De standaardafmetingen van 85 (tot 80) bij 62 (tot 60) cm waren decennialang bepaald door de grootte van de lithosteen of zinken plaat. De papierschaarste tijdens de Tweede Wereldoorlog dwong de drukkers te snoeien en er kwamen kleinere formaten in omloop. Het benutten of recupereren van minder kwaliteitsvol papier, restanten commercieel affichedrukwerk of topografische kaarten tekent deze economisch moeilijke periode.

Moderne tijden

Met de heropleving in de jaren vijftig zat ook het bioscoopbezoek weer in lift. In de affichebranche was dan ook werk voor iedereen. Nieuwe actoren als *J. Lichtert & Fils* of *Lithocarty* vervoegden in de hoofdstad de immer actieve firma's *Verstegen* en *Panneels* en het in de jaren veertig opgestarte *Tytgat*. 'Wik', pseudoniem van een Ukkels tekenaar was zowel voor *Verstegen* en *Lithocarty* actief maar gaf vanaf de jaren dertig ook in eigen naam affiches uit.

Een erg gesolliciteerd tekenaar bij *Verstegen* en *Panneels* was ook Jos De Cock (1926), die tussen 1947 en 1957 een vierhonderdtal filmaffiches verzorgde. Een voorbeeld van zijn latere werk in de verzameling van het Stadsarchief Leuven is het affiche voor Cecil B. DeMilles *The Ten Commandments* (1956).[41]

Een ander talent, wiens naam evenmin op het drukwerk verscheen, was Ernest Godts (1920). Hij had in Anderlecht al wat reclame getekend toen de gebroeders Verstegen hem in 1947 vroegen filmaffiches te gaan maken. Het werden er uiteindelijk meer dan duizend: zijn zelfstandig statuut liet hem toe ook voor concurrenten als *Lichtert* en *Panneels* te werken, en dat tot 1983. Voor Pierre Lichtert werkte ook ene Vandenbossche (pseudoniem 'Bos'): een bijzonder vaardig tekenaar die de kalligrafie de aandacht schonk die haar in een affiche toekomt.[42]

Door de gunstige bezoekerscijfers werd de efficiëntie van het affiche niet in vraag gesteld. Zo borduurde men voort op de geijkte formules en met succes beproefde methoden. De stilering die tijdens het interbellum in andere sectoren van het afficheontwerp ingezet was, mondde uit in een nog sterkere neiging tot abstrahering. Dit stond echter haaks op de bij het publiek kennelijk onstilbare honger naar knappe koppen en pakkende plaatjes. De impact van nieuwerwetse tendensen bleef in het filmaffiche uiterst beperkt. Het onconventionele *Le désordre et la nuit* (ill. 9) prikkelt met zijn speelse perspectief, zijn decoratieve spel van recht- en driehoekige vlakken, zijn combinatie van gecoupeerde of uitgespaarde foto's met getekende en typografische elementen. Tegenover de kalligrafische wanorde werkte de introductie van de onderkast of de nagebootste drukletter bijzonder verfrissend.

Een zelfde gedachte beheerste de ontwerper van *Maigret et l'affaire Saint Fiacre*.[43] Dit affiche is, zoals de meeste exemplaren vanaf de vroege jaren vijftig, uitgevoerd in het nieuw gangbare formaat van 36 cm hoog bij 56 cm breed. De liggende vorm van veel affiches sloot aan bij het brede CinemaScope-formaat van de projectie, zelf een antwoord op de opmars van de televisie. Ze kwam de leesbaarheid van de tekst, gebracht in dezelfde as als de voorstelling, ten goede. Naast de artistiek verantwoorde belettering geraakte ook en vooral een typografie in zwang die inspeelde op de nieuwe visuele sensatie van de *widescreen*: letters in felle kleuren, met vette contouren of diepte. Het hoeft niet te verwonderen dat de namen van de nu populaire technieken als Technicolor of VistaVision aan de al overdadige tekst werden toegevoegd.[44]

41 SAL, filmaffichecollectie, 55/6/1.

42 Zie bijvoorbeeld het affiche voor *Glenn Miller. Romance inachevée* (SAL, filmaffichecollectie, 56/1/9).

43 SAL, filmaffichecollectie, 56/2/2.

44 Zie bijvoorbeeld het affiche voor *Les dix commandements* (SAL, filmaffichecollectie, 55/6/1).

LEUVEN
HET PALEIS
DER KINEMA
KINDEREN NIET TOEGELATEN
REX
LOUVAIN
LE PALAIS
DU CINEMA
ENFANTS NON ADMIS
VAN VRIJDAG 27 febr. TOT DONDERDAG 5 maart
DU VENDREDI févr. AU JEUDI mars
JEAN GABIN * DANIELLE DARRIEUX
NADJA TILLER
le désordre
et la nuit
DE WANORDE EN DE NACHT

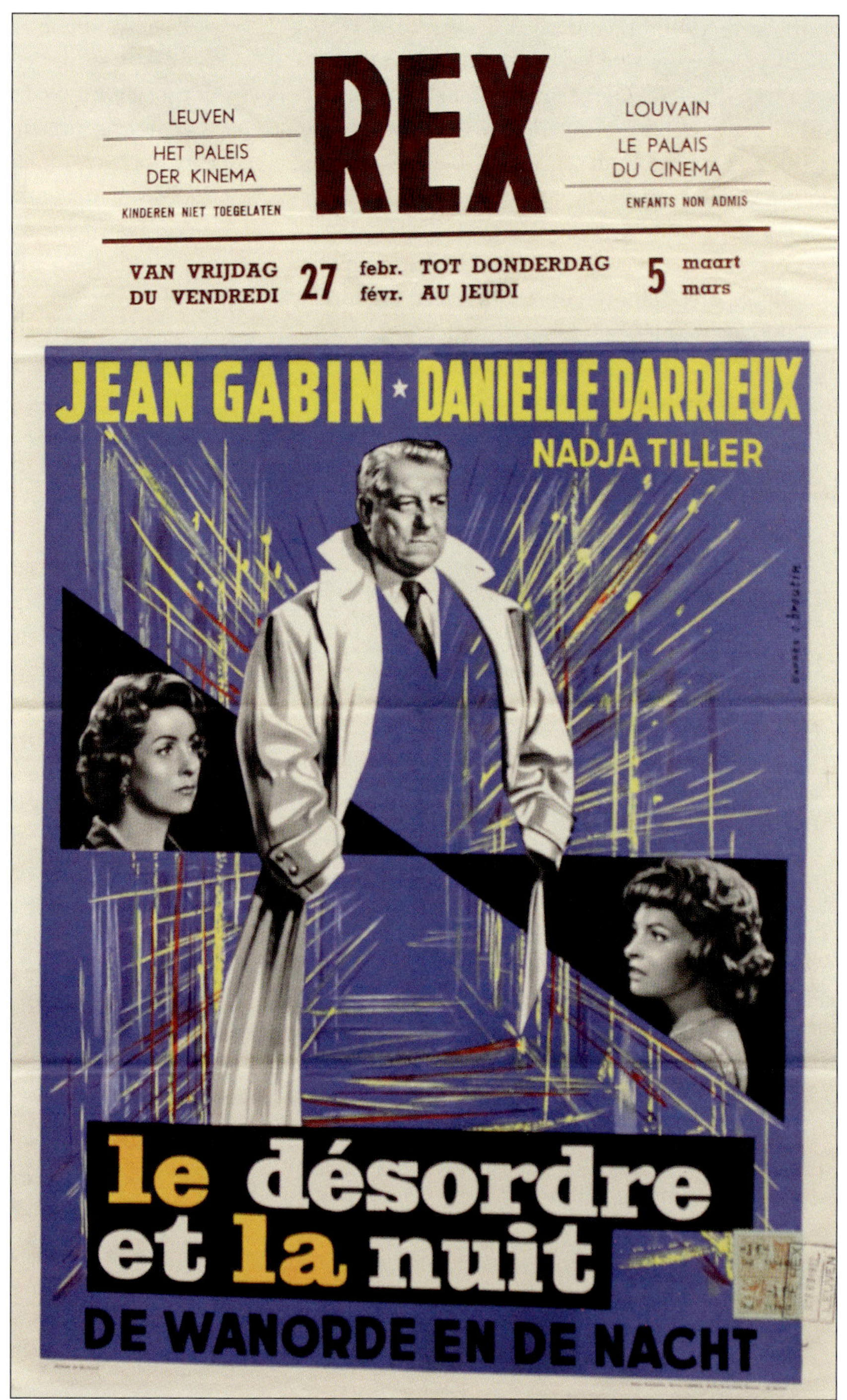

9

In deze periode vond er nog een belangrijke ommekeer plaats. Net als in de overige disciplines van de publiciteit had de foto-offsetdruk het terrein nu volledig ingepalmd. Deze techniek maakte de aanwezigheid van de tekenaar in de drukkerij niet langer noodzakelijk. Daardoor verwaterde de band tussen uitgever-drukker en scheppend kunstenaar. Nog steeds wikte en beschikte de klant: op basis van een voorgelegde schets besteedde hij de ontwerpopdracht uit aan een tekenaar van zijn keuze en zocht vaak los daarvan de goedkoopste drukker voor de uitvoering.

Het brede formaat samen met de offsetmethode verleidden de graficus tot een collagetechniek die resulteerde in een veelheid aan vedetteportretten en dramatische scènes. Die deed niet onder voor de drukke composities van de jaren dertig. Foto's werden gemonteerd, de tekst volgens een vast stramien toegevoegd, andere beeldmotieven getekend, soms zelfs door verschillende werknemers. De routine woog op de cohesie.

Er is in de literatuur gewezen op de impulsen van het filmaffiche op de tekentaal van de calicot.[45] Maar de invloed kan ook in de andere richting gewerkt hebben. In de jaren vijftig en zestig beleefden deze geschilderde reclamepanelen boven de bioscooptoegang hun absoluut hoogtepunt. Sommige affichetekenaars verdienden tegelijk hun brood als calicotschilder. Met de gelijktijdige introductie van het landschapsformaat in het affiche slopen specifieke compositietechnieken binnen. We denken aan de superpositie van portretten en scènes, aan de variabele schaal en aan de breedvoerige titelweergave aan de basis van de voorstelling.

Net als in de pioniersjaren ontving de anonieme tekenaar zwart-witfoto's en een *pressbook*. Een *billing* schreef de rangorde van namen en titel(s) voor. Soms instrueerde de filmverdeler welke ster waar hoorde te staan. Vaak was op een dag tijd de klus van knip-, plak- en schilderwerk geklaard. Monochrome personages werden met de aërograaf ingekleurd om het realisme te intensifiëren, en bijgewerkt in de hoogte of breedte om hun vedettestatus te verhogen. Men bediende zich nu eens van toegankelijke, getemperde tinten, dan weer van fel opgemaakte en contrastrijke kleuren: de optimistische *look* van de opmaak verraadt de commerciële insteek van de opdrachtgever.

Terwijl in het betere filmaffiche van de jaren vijftig fotografische met zuiver grafische elementen verbonden werden, genereerde een decennium later de combinatie met picturale partijen en een expressieve handmatige kalligrafie een krachtig plastisch effect. Daarin onderscheidde het Belgische filmaffiche zich niet alleen van de Italiaanse, Franse of Amerikaanse equivalenten maar ook van de andere reclamegrafiek hier te lande. De geraffineerde humor, prominent aanwezig in tal van culturele en commerciële reclameontwerpen, ging aan het filmgenre geheel voorbij.

Een ontwerper die, net als eertijds Julien t'Felt, uitsteekt boven zijn collega's, is Raymond Elseviers (1914-1999). Actief zowel in het calicot als het filmaffiche, zette hij zelfbewust zijn handtekening onder zijn werk: 'Ray'. De stijl van zijn gebruikskunst stond een eind af van zijn vrij schilderwerk en was wars van de ontwikkelingen in de andere sectoren van het Belgische reclameontwerp. Hij bleef inzetten op de aantrekkingskracht van de vedette of de dramatische scène. Maar door een weelderig kleurgebruik en uitgekiende belichting verleende hij zijn figuren en taferelen een uitzonderlijk natuurlijk aandoende expressie.[46] Hij kon niet buiten de overdaad aan de door de verdeler gewenste tekstuele informatie en taferelen. Maar dankzij nu eens alternerende en dan weer strak gestroomlijnde tekstassen ondersteunde de kalligrafie het ritme van de voorstelling (ill. 10). En bovenal wist 'Ray' met zijn pasteuze schildertoets en levendige factuur eenheid in de uiteenlopende

45 Capitaine & Charton 1983; De Hert & Stallaerts 1995, p. 23.

46 Zie bijvoorbeeld het affiche voor *Achteruit... Mars!* (SAL, filmaffichecollectie, 58/1/12); *Rio Conchos* (SAL, filmaffichecollectie, 58/1/10).

RICHARD BURTON * AVA GARDNER * DEBORAH KERR * SUE LYON
METRO-GOLDWYN-MAYER
ET SEVEN ARTS PRODUCTIONS
PRESENTENT
UNE PRODUCTION
JOHN HUSTON - RAY STARK
D'APRES - NAAR
TENNESSEE WILLIAMS
LA NUIT DE L'IGUANE
(THE NIGHT OF THE IGUANA)
JAMES WARD
GRAYSON HALL
CYRIL DELEVANTI
JOHN HUSTON · RAY STARK · ANTHONY VEILLER & JOHN HUSTON · TENNESSEE WILLIAMS
DE NACHT VAN DE LEGUAAN
Ray

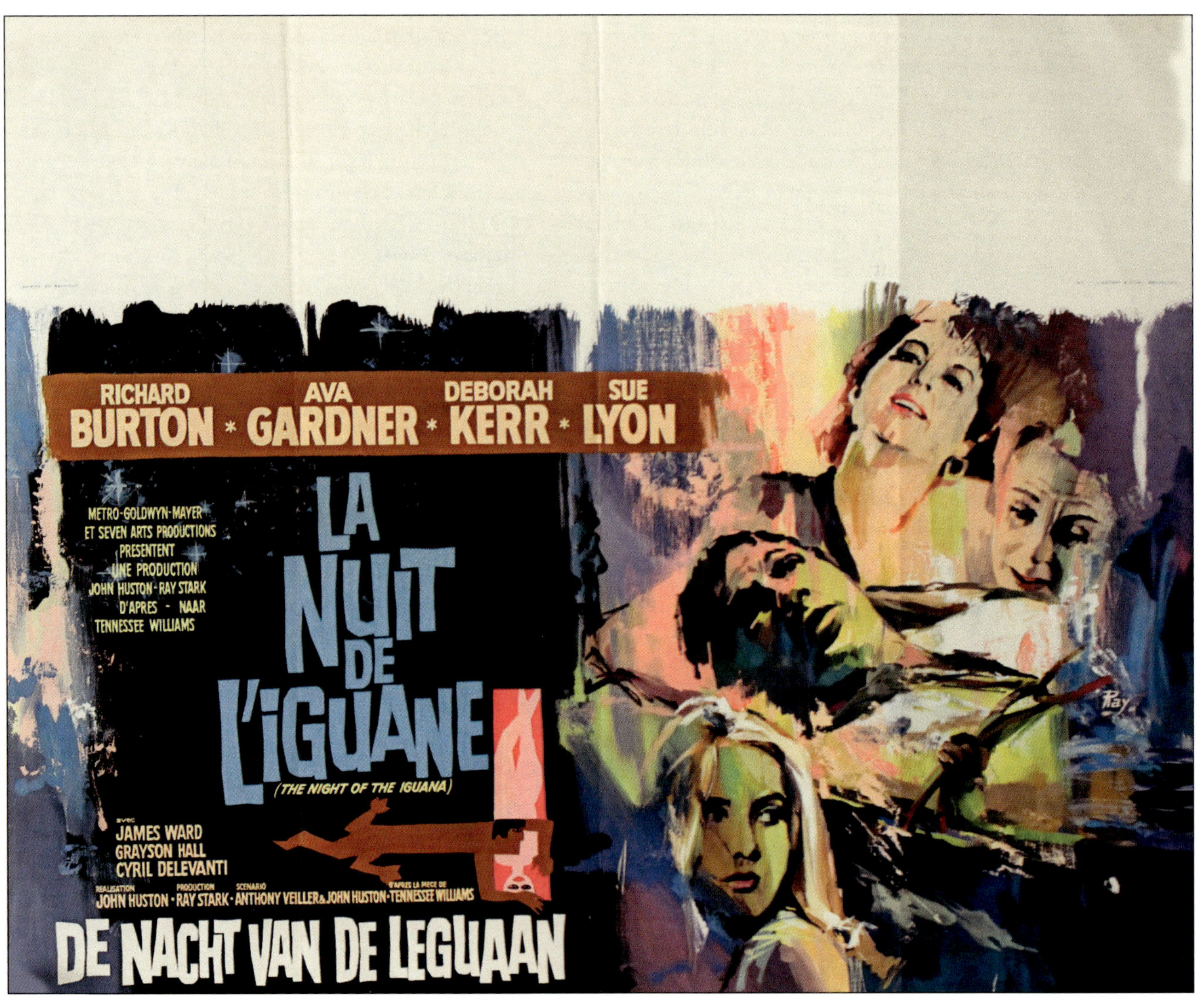

10

motieven te krijgen, die bovendien energiek oogt: iets waar vele van zijn voorgangers en medestanders nauwelijks in slaagden.[47]

Einde van een tijdperk

Toch kon een 'echt' kunstenaar als Elseviers met zijn krachtdadige stijl het tij niet keren. In de late jaren zestig was de rek er definitief uit. Door de televisie liep het bioscoopbezoek sterk terug. Voortaan werd de distributie, en dus ook de promotie, vanuit de grote buitenlandse steden bepaald, waardoor de taaleigenheid van het Belgische affiche verdween.[48]

Die was het resultaat van een gelukkige mix van factoren, die hierboven aangehaald werden. In een halve eeuw tijd is dat Belgische filmaffiche trouw gebleven aan zichzelf en aan zijn publiek. Dat kwam door een sterke controle van de filmverdelers en -drukkers, die weinig speelruimte aan de ontwerper lieten: reden waarom ook zijn naam niet vermeld werd. De toon was verhalend, veelal extravert en breedvoerig, het coloriet levendig, de stijl vooral picturaal en realistisch in de weergave van de beeldbepalende scène of uitdrukking. Het publiek kreeg makkelijke formules voorgeschoteld, hapklare clichés ook wel. In die zin vormde het de perfecte smaakmaker voor de meeste van de films. Men had de artistieke avant-garde niet nodig om de massa te verleiden. Deze eigenzinnigheid overtuigde, zo blijkt ook uit de niet aflatende verzameldrift tot ver buiten onze grenzen.

De eerlijkheid gebiedt echter te stellen dat veelal niet de artistieke kwaliteiten van de aankondiging maar de reputatie van de filmprent of haar acteurs de liefhebbers overstag doen gaan. Echte filmfanaten houden van *cinemaplakkaten* maar lang niet alle *affichofielen* collectioneren filmaffiches.

---

47 Zie bijvoorbeeld het affiche voor *Un hold-up extraordinaire* (SAL, filmaffichecollectie, 59/5/13).

48 Guy Peellaert (1934-2008) is een voorbeeld van een Belgisch graficus die wereldfaam verwierf met zijn "mondiale affiches" voor buitenlandse klassiekers als *Taxi Driver* (1976), *Paris Texas* (1984), *Les ailes du désir* (1987) en *Shortcuts* (1993).

Alle dagen doorlopend vanaf 14 uur

Laatste voorstelling om 20 u.

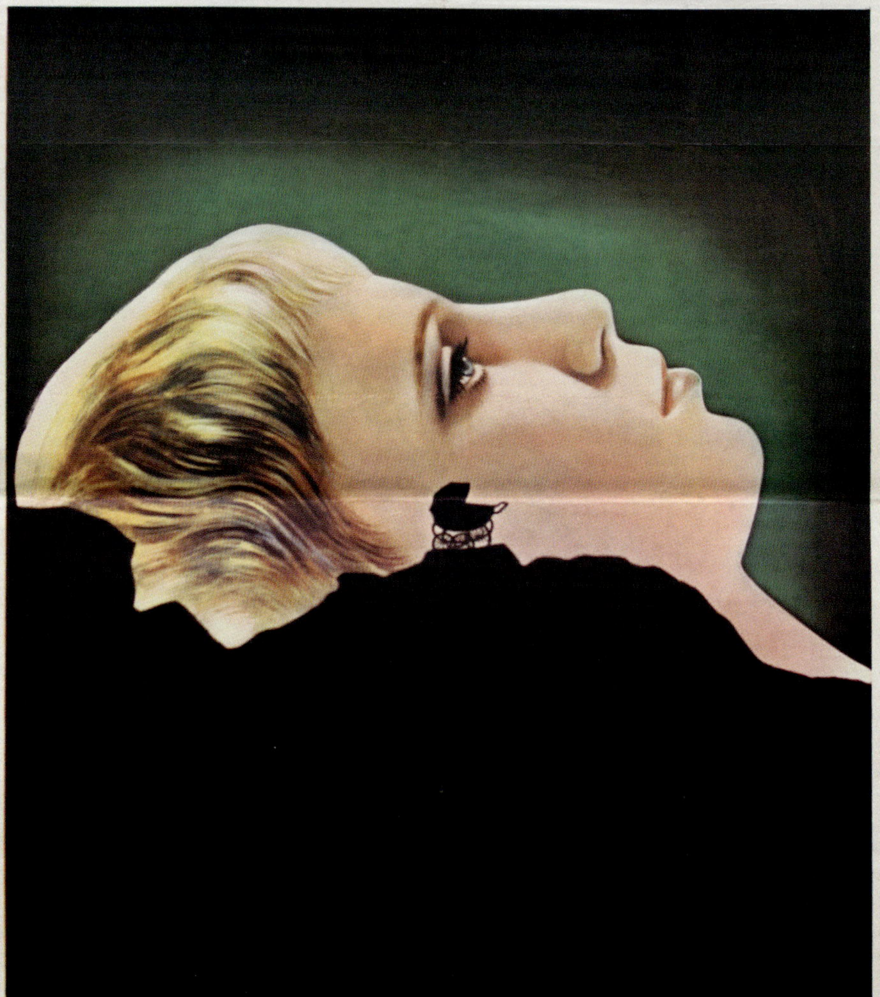

Mia Farrow

Le Bébé de Rosemary

Rosemary's Baby

Prod. William Castle / Ecrit pour l'écran et dirigé par Roman Polanski / d'après le roman de Ira Levin / Technicolor®

2. Opvallen en verleiden Filmaffiches vormelijk bekeken

Pascal Lefèvre

Als de twintigste eeuw een enorme verscheidenheid aan films opgeleverd heeft, dan geldt dit evenzeer voor de bijbehorende filmaffiches: van fotografisch figuratief tot abstract, van bombast tot pure eenvoud. Die verscheidenheid speelt niet alleen op mondiaal niveau, maar zelfs al op nationaal niveau; dat wordt duidelijk als men de Leuvense collectie doorbladert, die dan nog geen halve eeuw beslaat, maar toch representatief kan genoemd worden voor de Belgische filmaffiches tussen 1932 en 1968.

Hoezeer de filmaffiches vormelijk ook van elkaar verschillen, ze dienen eenzelfde commercieel doel, namelijk het signaleren aan de voorbijganger dat er een welbepaalde film in een nabijgelegen zaal vertoond wordt en vervolgens hem of haar te overtuigen om daadwerkelijk een ticket te kopen. Enerzijds dient een affiche dus op te vallen en moet ze snel te vatten zijn en anderzijds dient een affiche de potentiële consument te verleiden – niet om een product aan te schaffen, maar om een vertoning van ongeveer anderhalf uur te beleven. Een filmaffiche moet haar tekst- en beeldelementen op zo'n manier inzetten dat deze uiteenlopende doelstellingen gerealiseerd worden.[1] Een affiche kan moeilijk inzetten op slechts één doelstelling, wil ze alleen maar informeren dan loopt ze het risico om saai of onoverzichtelijk te worden, wil ze alleen de aandacht trekken dan schiet ze allicht te kort in haar informatieopdracht. In tegenstelling tot advertenties voor de meeste andere producten staat de producent in het geval van films niet centraal, maar moet voor elk nieuw product, elke nieuwe film, een eigen communicatiestrategie geconcipieerd worden.[2] In tegenstelling tot de meeste andere landen, hadden affiches in België nog een bijkomende opdracht, namelijk tegelijkertijd naar twee verschillende taal- en cultuurgroepen te communiceren. Daar er doorgaans slechts één affiche voor heel het land werd ontworpen, kwam er bijgevolg ook meer tekst op de affiche. Zoals destijds gebruikelijk in België werd de Franse titel prominenter in beeld gebracht dan de Nederlandse titel. Talrijke vooroorlogse Leuvense filmaffiches zijn bovendien eentalig Frans; sommige Leuvense bioscopen zoals Eden voerden hun promotie trouwens alleen in het Frans tot begin jaren

1 Lefèvre 2007, p. 45.

2 Staiger 1990, p. 8.

zestig.[3] Alleen tijdens de Tweede Wereldoorlog zijn er verhoudingsgewijs meer Nederlandstalige filmaffiches (of affiches waar Nederlands met Duits wordt gecombineerd). Dit was een gevolg van de herstructurering door de Duitse overheid van de Vereeniging der Kinemabestuurders, die vanaf 1 november 1941 de Vlaamse exploitanten verbood om filmtitels en teksten op affiches of ander drukwerk nog langer in het Frans op te stellen. Dit paste immers in de cultuurpolitiek van de bezetter en de Kulturabteilung in België.[4] Op de filmaffiches van na de oorlog is de vooroorlogse taalverhouding weer hersteld: opnieuw domineert het Frans op Leuvense affiches. Pas in de jaren zestig zal het gebruikelijk worden dat Nederlandstalige titel ongeveer hetzelfde gewicht krijgt als de Franstalige, maar ook in dat decennium zijn er nog talrijke affiches waar de Franse tekst primordiaal in beeld wordt gebracht en de Nederlandse titel kleiner wordt weergegeven en ergens onderaan de affiche wordt geplaatst. Op deze manier zegt de filmaffiche ook iets over de verhoudingen tussen de twee grote taalgemeenschappen van België en meerbepaald in Leuven, dat tot eind jaren zestig een tweetalige stad was door de aanwezigheid van een tweetalige universiteit.

Hoezeer de advertentiecampagnes voor films van land tot land konden verschillen, wordt duidelijk als men de affiches uit verschillende landen vergelijkt.[5] De Leuvense collectie kan als een voorbeeld van glocalisering avant-la-lettre gezien worden: enerzijds had je vaak een product dat in de VS was gemaakt, maar anderzijds ook de bedoeling had wereldwijd een publiek aan te spreken. De Belgische ontwerpers dienden dus zowel rekening te houden met het materiaal (foto's, informatie over de film, buitenlandse affiche) dat vanuit het buitenland kwam, als met de smaak van het lokale publiek. Reeds omstreeks 1917 zorgden de filmproducten voor een *press book* of *showman's manual*, oorspronkelijk slechts enkele pagina's, maar in de jaren dertig soms wel tot honderd pagina's met informatie over de film (synopsis, lijst van de acteurs en medewerkers, stills, affiches, ...).[6] De Amerikaanse filmproducenten legden ook strikte regels op aan de Amerikaanse affiche-ontwerpers, zo werden de lettergroottes van de namen van de filmsterren duidelijk gestipuleerd.[7] In hoeverre dit ook van toepassing was voor de Belgische ontwerpers is moeilijk na te gaan. In elk geval was het wachten op de organisatie van de distributiesector in België begin jaren twintig vooraleer filmaffiches echt ingeburgerd raakten. Wat wel duidelijk blijkt uit de Leuvense collectie is dat tekenaars hun ontwerp hoe langer hoe meer op de originele affiche (uit het land van oorsprong) baseerden, met alleen nog minimale aanpassingen.[8]

Het is onmogelijk om in dit korte bestek alle ontwerpstrategieën van de filmaffiches uit de Leuvense collectie te bespreken, maar aan de hand van zes affiches, geplukt uit de vier decennia zullen we toch proberen om enkele interessante vormelijke aspecten te belichten. Maar eerst overlopen we enkele opvallende evoluties en trends in het ontwerp van filmaffiches.

Designelementen in evolutie

Bij het ontwerpen van een filmaffiche staat de ontwerper heel arsenaal van tekst- en beeldelementen te beschikking: niet alleen een enorm patrimonium van lettertekens maar ook diverse soorten van beelden. Bij beelden is niet alleen de gekozen stijl van belang, maar evenzeer de mise en scène (wat wordt in beeld gebracht en op welke manier). Tussen beeld- en

3 Nijs 2011, p. 87.

4 Van de Broek 2010, pp. 138-139.

5 Wil men verschillende versies van filmaffiches met elkaar vergelijken dan zijn sites zoals *MoviePosterDB* (www.movieposterdb.com) erg handig.

6 Allen & Rebello 1988, p. 37.

7 Allen & Rebello 1988, p. 116; Staiger 1990, p. 8.

8 Zo kreeg bijvoorbeeld het hoofd op de Belgische affiche van *Rosemary's Baby* toch nog realistische kleuren, terwijl het hoofd op de Amerikaanse affiche hetzelfde groen van de lucht gekleurd was. (SAL, filmaffichecollectie, 61/3/9).

tekstelementen dient er ook een zeker samenspel zijn, wil de affiche haar doelen realiseren. Dat samenspel kan zowel op vormelijke als inhoudelijke elementen slaan.

In de vier decennia, die de Leuvense collectie omvat, vallen al snel enkele vormelijke trends te bespeuren: zo is er in de jaren dertig qua beeldinhoud een voorkeur voor close-ups en medium shots. Actiebeelden in long shot komen voor, maar zullen pas na de oorlog in kwantiteit belangrijker worden. De geschilderde beelden op de affiches waren grotendeels op het door de filmproducent aangeleverde fotomateriaal gebaseerd.

Voorts zal de referentiewereld van de toeschouwer een rol spelen: de mate waarin die al vertrouwd is met de verschijning of de namen van bepaalde acteurs zal uiteraard van belang zijn. Niet voor niets was de filmindustrie vanaf de jaren 1910 wat promotie betreft sterk afhankelijk van sterren, van acteurs en actrices die wijd en breed bekend en geliefd waren.[9] Uiteraard zal een affiche niet nalaten de potentiële ticketkoper er op te wijzen dat een bepaalde ster de hoofdrol in een film speelt.[10] Het meest herkenbare van een ster is dan ook zijn of haar gelaat. Net zoals de meeste covers van tijdschriften een hoofd in close-up afbeelden, zullen ook affiches daar vaak voor opteren. Het menselijke gelaat, meer dan andere lichaamsonderdelen, is trouwens een bijzondere aandachtstrekker. Een gelaatsuitdrukking kan de meest diverse gevoelens suggereren. Als een acteur of actrice specifieke gelaatskenmerken had, zo blijkt ook uit de Leuvense collectie, dan werden die nogal eens in de verf gezet. Zo beklemtoonde de affiche van *Monsieur Hector* (1940 / 1941) (ill. 1)[11] Fernandels kenmerkend hoofd, door niet alleen zijn hoofd heel groot op de affiche in beeld te brengen, maar bovendien karikaturaal weer te geven. Daarenboven werden dat typerende hoofd en gebit nog vijf keer herhaald – alsof men er niet genoeg van kreeg. De karikaturale stijl wees de toeschouwer bovendien op het te verwachten genre van de film: karikaturale stijlen signaleren doorgaans een komedie. Een expressionistische

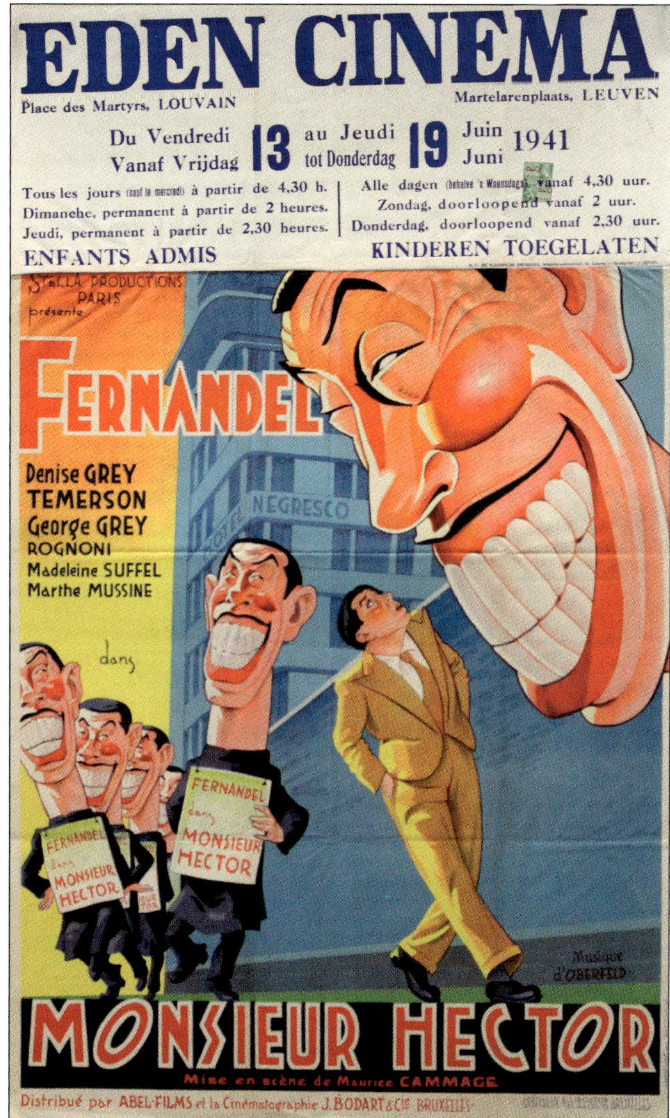

1

9 Branaghan & Chibnall 2006, p. 34.

10 Allen & Rebello 1988, p. 121.

11 Datering bij de films geeft eerst productiejaar en vervolgens het jaar van de eerste vertoning in Leuven. Wanneer slechts een jaartal vermeld wordt, is het jaar van vertoning onbekend en betreft het het productiejaar.

stijl zoals op *La Wally* (1932) (ill. 2) suggereert daarentegen een meer dramatische film. Bepaalde stijlen zijn typerend voor een welbepaalde periode. Zo refereerde de stijl van de affiche voor Antonioni's *Blow up* (1966 / 1967) sterk naar een bepaald soort lijnvoering en gebruik van vlakkleuren die eind jaren 1960 bij nogal wat tekenaars populair was (ill. 3).[12] De stelling van Rik Stallaerts en Robbe de Hert dat er een stilistische gelijkenis is tussen de Belgische affiches van de jaren vijftig en 'klare lijn'-stijl van Belgische striptekenaars is evenwel ongegrond, want die zogenaamde 'klare lijn'-stijl werd slechts uitzonderlijk op affiches gebruikt.[13] De beelden op filmaffiches waren veelal geschilderd in een stijl die minder geschematiseerd was en veeleer de realiteit imiteerde. Alleen voor humoristische films zoals die film van Fernandel opteerde men voor karikaturale vervormingen.

Maar zelfs binnen een bepaald decennium was een er aanzienlijke variatie. Bijvoorbeeld in de jaren dertig zien we zowel fotografische beelden als handgemaakte beelden in diverse stijlen: expressionistisch (ill. 2), karikaturale lijntekening (zie bijvoorbeeld *L'enfant de ma sœur,* 1933 / 1933, ill. 4), maar veelal erg realistisch lijkende handgemaakte beelden.[14]

Opmerkelijk is dat – hoewel de meeste films tot eind jaren veertig in zwart-wit waren – bijna al de filmaffiches voor een beeld in kleur opteren. Even opmerkelijk is dat de filmaffiche er zeer lang over deed om de oriëntatie van het filmdoek te imiteren, want terwijl een filmbeeld altijd een liggende rechthoek geweest is (die weliswaar in verhoudingen sterk kon verschillen), waren bijna alle Belgische filmaffiches tot de jaren vijftig rechtopstaand, in portretformaat. Filmaffiches hebben zich dus in de eerste

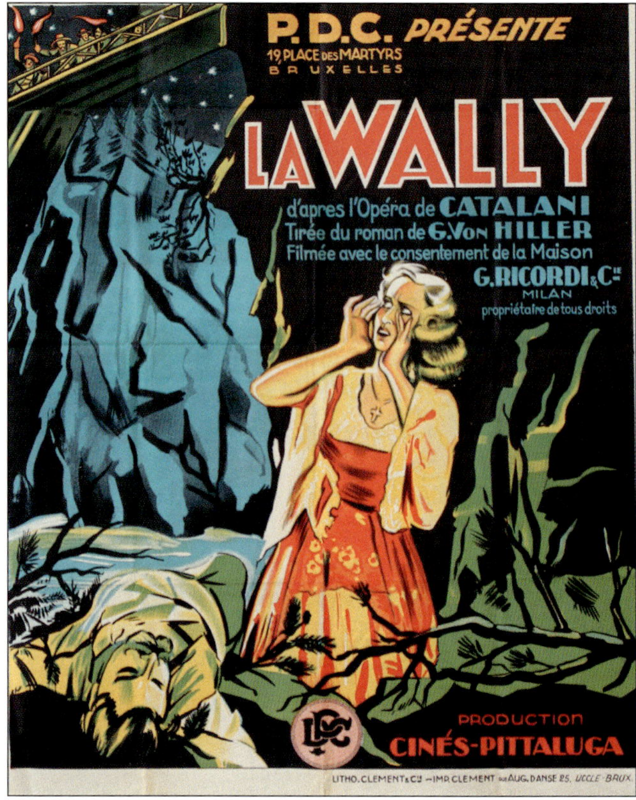

2

decennia vooral laten leiden door de oudere en dominante traditie van rechtopstaande affiches.[15] In Groot-Brittannië werd het liggende formaat een decennium vroeger al dominant.[16]

Het algemene ontwerp van een affiche kan dus voor bepaalde plaatsen, bepaalde periodes of voor bepaalde producties typisch zijn. In het interessante overzichtswerk *Art of the Modern Movie Poster* worden de filmaffiches grotendeels per land of groep van landen gerangschikt en op die manier blijken er soms grote verschillen tussen de landen onderling.[17] Anderzijds zijn er ook designprincipes die vele

12 Denk bijvoorbeeld aan Heinz Edelmann's *art direction* voor de animatiefilm *The Yellow Submarine* (G. Dunning, 1968). De combinatie van deze stijl met het beeld van een jonge, langharige vrouw knipoogde bovendien naar Peellaert's volwassenenstrip *Les Aventures de Jodelle* (1966).

13 De Hert & Stallaerts 1995, p. 14.

14 Zie onder meer de affiche van *Un rêve blond* (SAL, filmaffiche-collectie, 15/1/1).

15 Edwards 1985, p. 9.

16 Branaghan & Chibnall 2006, p. 57.

17 Salavetz, Drate, Sarowitz, & Kehr 2008.

METRO GOLDWYN MAYER présente
UNE PRODUCTION CARLO PONTI
UN FILM DE MICHELANGELO ANTONIONI
BLOW-UP
avec
VANESSA REDGRAVE
DAVID HEMMINGS
SARAH MILES
COULEURS
GRAND PRIX INTERNATIONAL
DU FESTIVAL - CANNES 1967
R. Delhaux
MGM
IMPRIMÉ EN BELGIQUE
EDICOLOR - Bruxelles

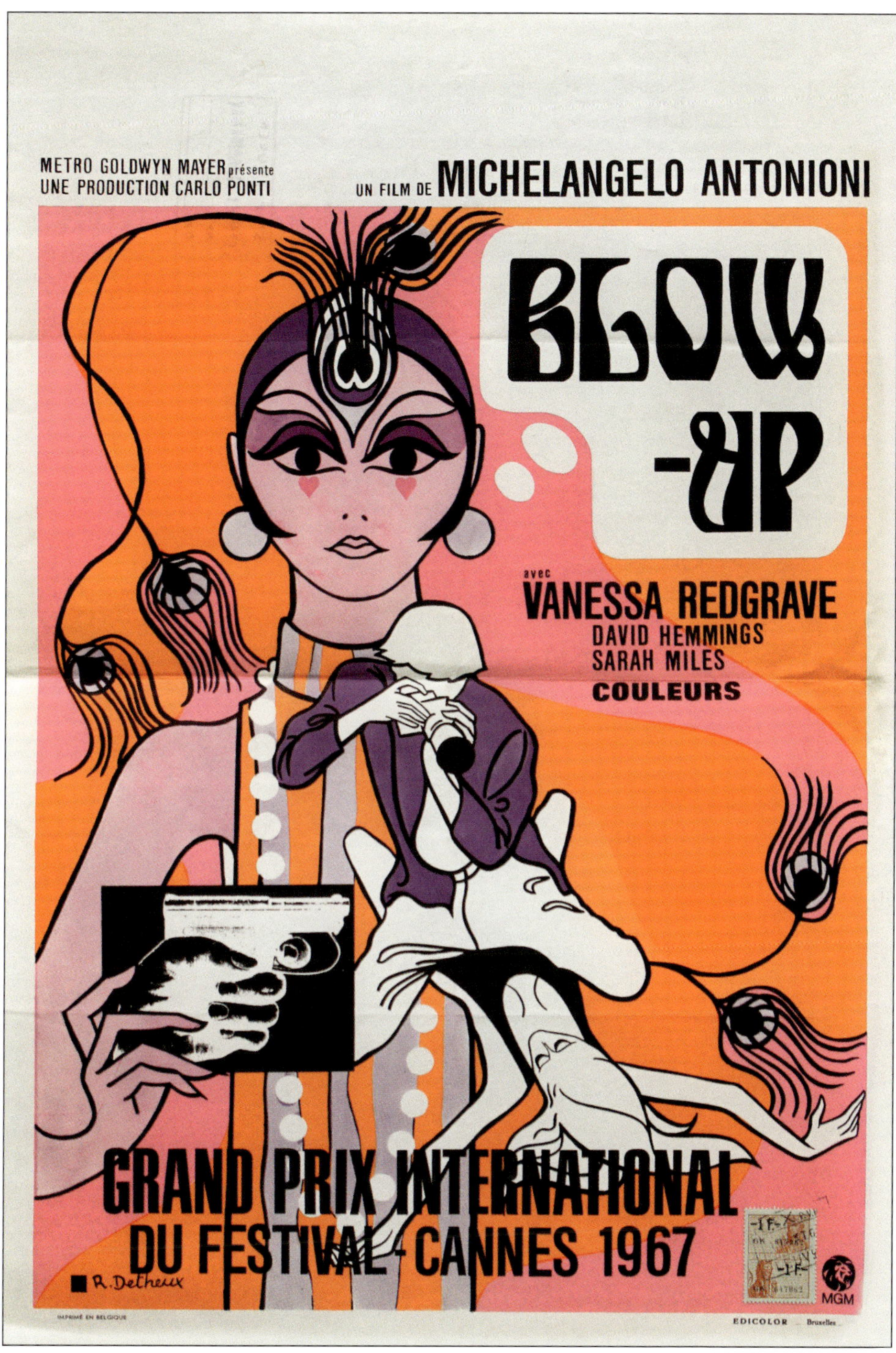

3

Alhambra
Ecran à 8 h.
Scherm te 8 u.
Vendredi 24 Samedi 25 Dimanche 26 Lundi 27
Vrijdag Zaterdag Zondag Maandag
Enfants non admis
Mardi 28 Novembre 1933
Dinsdag November
Kinderen niet toegelaten
Dimanche matinée à 3 heures - Zondag Middagvertooning te 3 uur
GEXEFILM présente
GEXEFILM
LES GRANDES EXCLUSIVITÉS EUROPÉENNES
BACH
DANS
L'ENFANT
DE MA SŒUR
COOP-TYPO-LITHO-LIEGE

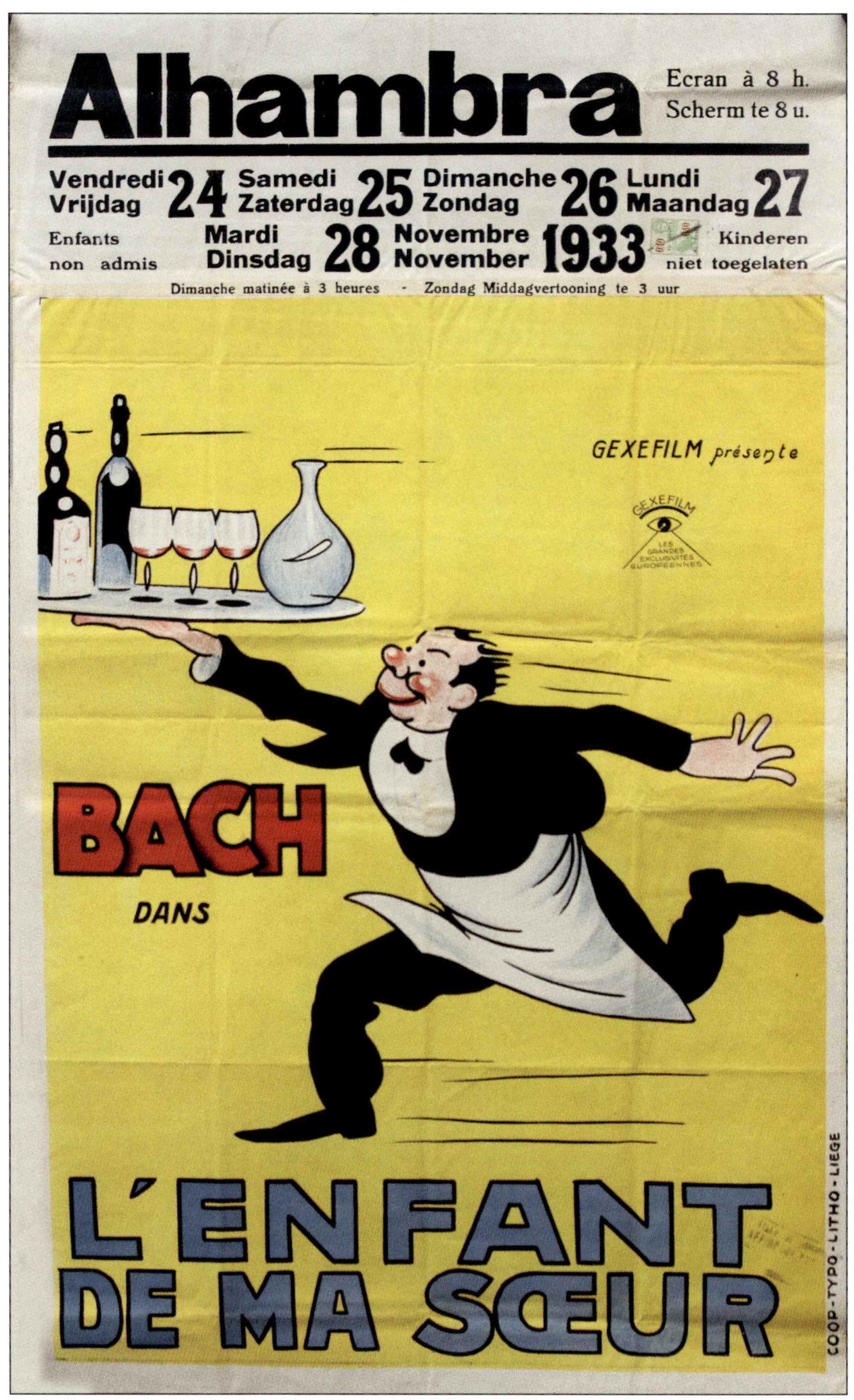

4

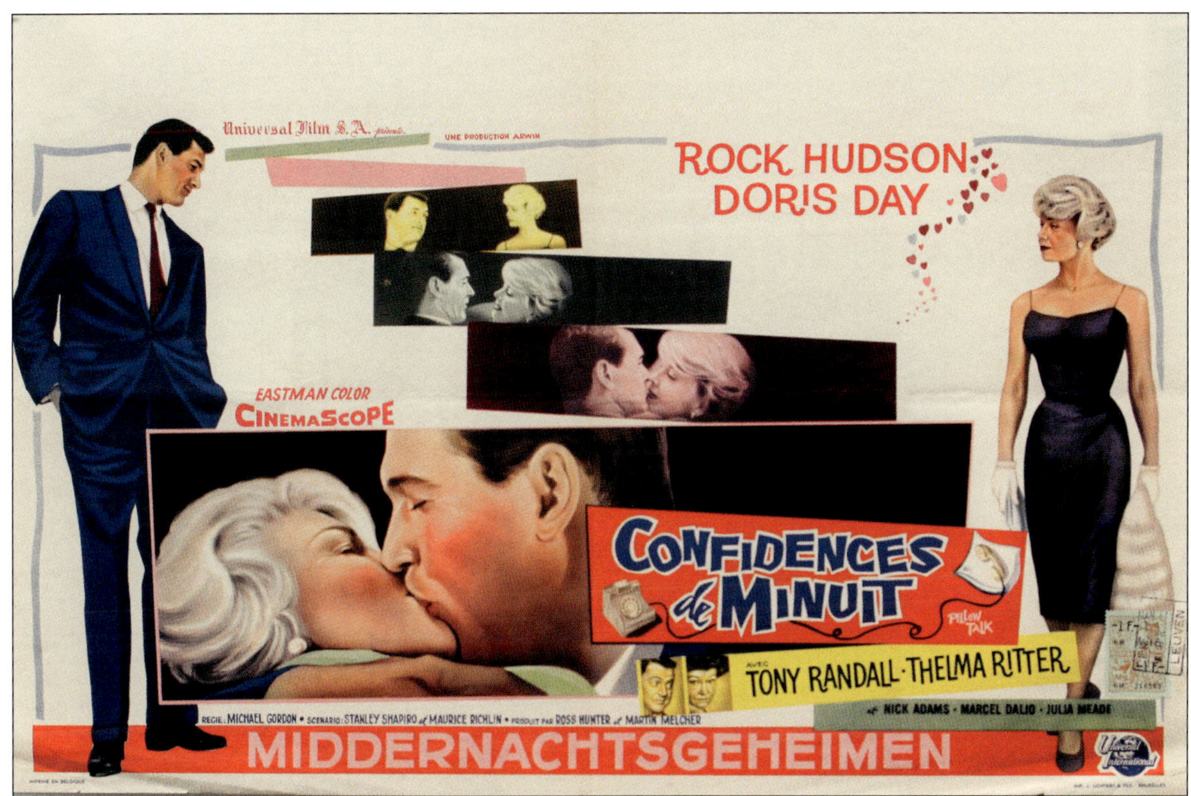

5

grenzen overgaan, zoals het gebruik om de titel in het grootste en meest opvallende lettertype te zetten. De verhouding tussen titel en beeld kan echter wel verschillen: van een heel dominante titel[18] tot een heel dominant beeld met een relatief kleine titel.[19] Een andere vrij internationale trend late jaren vijftig, vroege jaren zestig, was het aanwenden van geometrische vlakken van verschillende dimensies om een bepaald ritme op te roepen (ill. 5, ill. 6). De affiche van de Franse film *Le désordre de la nuit* (1958 /1959) (ill. 9. p. 26)[20] combineert dan weer zwart-witfotografie met een abstracte schildering, het waren dan ook de hoogdagen van het abstract expressionisme in de schilderkunst. Het geheel – in combinatie met de titel – belooft de kijker een nachtelijke, jazzy sfeer. Dit ontwerp stond ver af van de klassieke filmaffiche. De Franse filmaffiche werd in de jaren vijftig net zoals de Franse filmproductie bipolair: aan de ene zijde de klassieke levendige affiches van de populaire film en aan de andere zijde de sobere en eenvoudige ontwerpen van de auteursfilms.[21] Dit onderscheid kunnen we ook terugvinden in de Belgische affiches.

18 Zie bijvoorbeeld de affiche voor *Vol de nuit / Night Flight* (1933 / 1934). SAL, filmaffichecollectie, 31/3/9.
19 *Rosemary's Baby* (1968 / 1968). (SAL, filmaffichecollectie, 61/3/9).
20 SAL, filmaffichecollectie, 55/5/5.
21 Salavetz, Drate, Sarowitz, & Kehr 2008, p. 178.

APOLLON FILMS stelt voor
LISELOTTE PULVER
HUBERT von MEYERINCK
CURT BOIS·GEORG THOMALLA
REGIE:
KURT HOFFMANN
DE LUSTIGE SPOKEN
"Das Spukschloß"
EASTMANCOLOR
APOLLON FILMS
Constantin-Film
QUAND LES FANTOMES S'AMUSENT

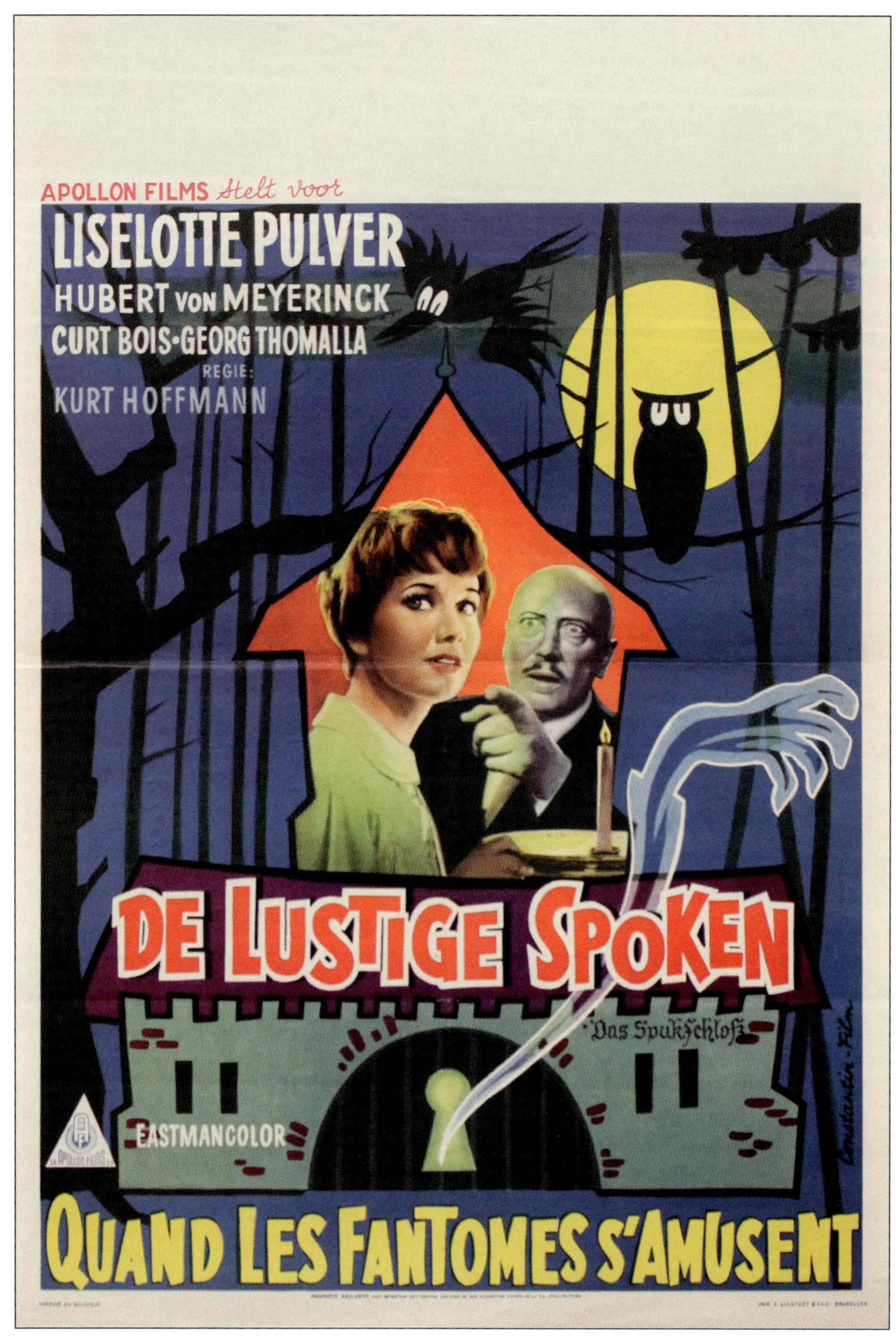

6

We zullen nu de vormelijke strategieën van zes affiches uit de Leuvense collectie meer in detail bekijken. Van de zes affiches is vermoedelijk slechts de helft in België ontworpen.

Omkering der rollen

Verschillende vooroorlogse affiches tonen een man en een vrouw in een intieme toenadering: hij buigt zich doorgaans over haar heen, zij tilt haar hoofd gewillig naar achter.[22] Er zijn slechts enkele uitzonderingen op deze pose en het meest expliciete voorbeeld is wel de affiche voor *Un premier amour/Een eerste liefde* (1933/1936) (ill. 7). De Amerikaanse film dateert eigenlijk van drie jaar voordien en heette oorspronkelijk *The Right to Romance* (A. Santell, 1933), wat toch een geheel andere klemtoon legt dan de Franse en Nederlandse titel. De film handelt immers over een alleenstaande *carreer woman* (een chirurg gespeeld door Ann Harding) die haar recht op liefde opeist. Maar niet alleen tekstueel is er een verschil met de oorspronkelijke Amerikaanse versie. Terwijl de Amerikaanse affiche[23] haar in de stereotype positie zet (zij kijkt letterlijk en figuurlijk op naar de playboy waarop ze verliefd is), keert de Belgische affiche de rollen totaal om en vervangt bovendien het mannelijke personage: de playboy gespeeld door Robert Young op de Amerikaanse affiche dient op de Belgische affiche plaats te ruimen voor haar collega wetenschapper, gespeeld door Nils Asther. Die collega was immers al lang verliefd op haar, maar het zal tot het eind van de film duren vooraleer zij zijn liefde erkent en daadwerkelijk beantwoordt. De Belgische affiche toont dus de eindsituatie van het filmverhaal, wat op zich een vrij ongewone optie is, want meestal houdt een affiche de afloop van een verhaal nog geheim. Naar de redenen van deze opvallende keuze kunnen we alleen maar gissen. Nog opmerkelijker is dat de man op de Belgische affiche een pose aanneemt die traditioneel voor de vrouw werd voorzien, namelijk het hoofd achterover gebogen. En hoewel hij een snor draagt,

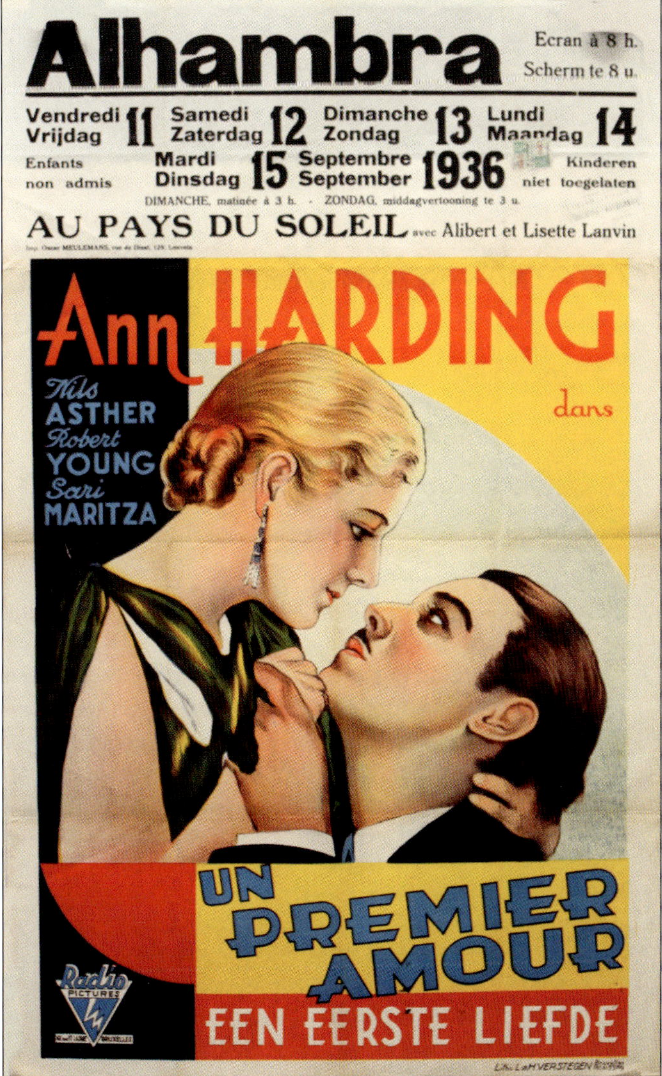

7

22 Bijvoorbeeld *Chevaux de Bois / Merry-Go-Round* (1933 / 1934), (SAL, filmaffichecollectie, 13/1/10); *La Comtesse Wilma / Rakoczy-Marsch* (1933 / 1935), (SAL, filmaffichecollectie, 16/2/13); *La marche nuptiale* (1935), (SAL, filmaffichecollectie, 16/3/07).

23 http://www.allposters.com/-sp/The-Right-to-Romance-1933-Posters_i6075270_.htm, geconsulteerd op 25 november 2011.

vervrouwelijken zijn roze blos op de wang (of is het schmink?), zijn blik en houding hem danig. Terwijl de vrouw veeleer zonder expliciete emotie wordt weergegeven, heeft de man een smachtende blik. De dominante positie van de vrouw wordt bovendien nog eens benadrukt door dat de naam van de actrice het grootste font toebedeeld krijgt en in een opvallend rood is gezet. De namen van de medespelers, onder wie twee mannen, zijn in veel kleiner font en in een minder opvallende kleur (blauw) gezet. Voor het overige is er een mooie cirkelvormige compositie, waarbij de lay-out de scène verder afrondt.

Zachte, grappige propaganda

Tijdens de Tweede Wereldoorlog werd België bezet door Nazi Duitsland en dat had uiteraard gevolgen voor de filmprogrammering: tijdens de bezetting werden talrijke Duitse films vertoond maar – in tegenstelling tot wat men misschien zou verwachten – waren dat niet noodzakelijk expliciet nationaalsocialistische propagandafilms. De Duitse Minister van Volksvoorlichting en Propaganda Joseph Goebbels vond immers verdoken propaganda effectiever.[24] Slechts één vijfde van alle (1.097) in de Nazi-periode (1933-1945) in Duitsland geproduceerde films kan als expliciete propaganda bestempeld worden.[25] Ook *Quax de brokkenpiloot* (Kurt Hoffmann, 1941) vermijdt expliciete propaganda. De film lijkt een onschuldige komedie over een brokkenpiloot, maar deze antiheld wordt uiteindelijk door discipline en gehoorzaamheid toch een Duitse held. Volgens sommigen was deze film dan ook een vermomde poging om piloten voor de *Luftwaffe* te werven.[26] De film kende trouwens een groot succes in heel Europa, met inbegrip van België.[27] De Belgische affiche, afkomstig uit het Brusselse drukkersatelier *Werkhuizen Morice Panneels*, vertoont al evenmin enige zweem van propaganda, qua stijl en mise en scène lijkt het haast een illustratie voor een kinderboek (ill. 8). Alleen de meest essentiële elementen worden afgebeeld: een kind-piloot houdt op de voorgrond een afgebroken schroef vast, terwijl hij zijn vliegtuig, op de achtergrond, met de neus in het water heeft geplant als een spade. Alleen dikke witte kringen duiden op rimpeling in het water. Opmerkelijk is dat het mannelijke hoofdpersonage (gespeeld door de populaire Duitse acteur Heinz Rühmann) veeleer als een ietwat dom kind wordt afgebeeld.[28] Het beeld visualiseert de titel op een heel gestileerde manier.

Explicieter dan de film

De affiches van de jaren vijftig betekenden qua fatsoensnormen duidelijk een breuk met de decennia voordien. De maatschappelijke normen waren al een stuk losser en dat is duidelijk te merken aan talrijke filmaffiches, die qua suggestie nogal eens verder gingen dan wat in de films zelf te zien was. Zo is het decolleté van de vrouwelijke zeerover op deze affiche van *La flibustière des antilles* (1950 / 1951)(ill. 9) een stuk groter dan die van de actrice Jeanne Peters: de affiche, die eveneens getekend werd door het *Atelier Maurice (Morice) Panneels*, laat niet alleen meer knoopjes los, maar geeft het personage bovendien een borstvergroting. De vrouwelijke piraat die het opneemt tegen de Engelsen is trouwens losjes gebaseerd op echte 18^e^ eeuwse piraat Anne Bonny. Niet langer een passieve of deugdzame vrouw maar een energieke piraat staat hier centraal, een vrouw in een mannenwereld die haar tanden toont, de benen in spreidstand, het zwaard klaar om de tegenstander in mootjes te hakken. De vrouw is onmiskenbaar de

24 Tegel 2007, p. 133.

25 Vande Winkel & Welch 2007, p. 9.

26 'Quax, der Bruchpilot' Das Laufenberf NETzine, http://www.netzine.de/quax-der-bruchpilot/, geconsulteerd op 24 november 2011.

27 Vande Winkel 2007, p. 65.

28 Misschien kan dit gelezen worden als een subtiele kritiek op deze Duitse film door de Belgische affiche-ontwerper.

UFA
Heinz
RÜHMANN
QUAX
DE
BROKKENPILOOT
QUAX DER BRUCHPILOT
TERRA
Regie : KURT HOFFMANN
HEINZ RÜHMANN FILM · PROD : TERRA
GEDRUKT IN BELGIE

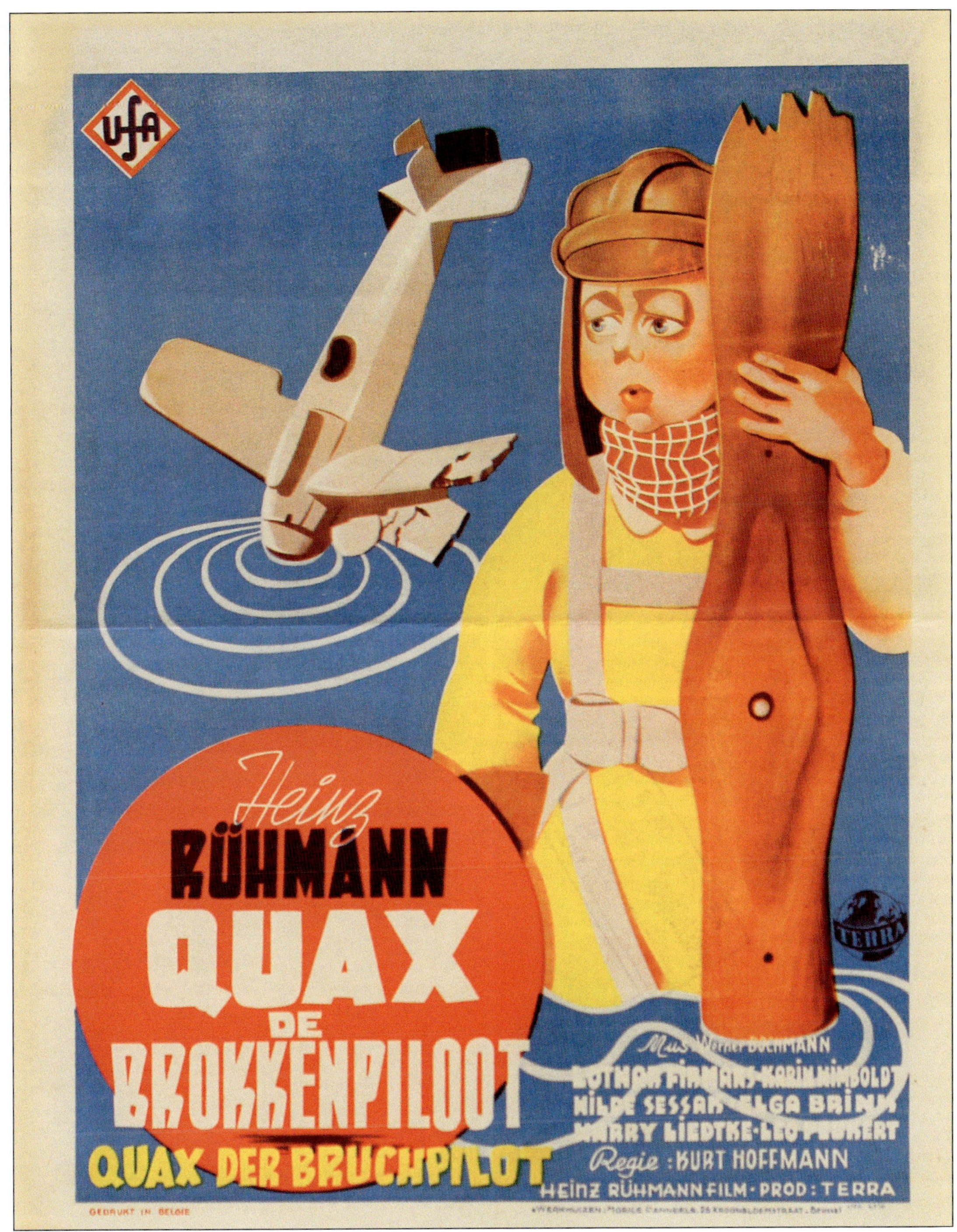

8

fabuleuse d'une reine de
et les batailles de La Fli
TECHNICOLOR
La Flibustière des Antilles
"Anne of the Indies"
JEANNE PETERS · LOUIS JOURDAN · DEBRA PAGET
Production
GEORGE JESSEL
Mise en Scène
JACQUES TOURNEUR
Scénario de
PHILIP DUNNE et ARTHUR CAESAR
d'après la nouvelle de HERBERT RAVENEL SASS
20th CENTURY-FOX
DE VRIJBUITSTER DER ANTILLEN

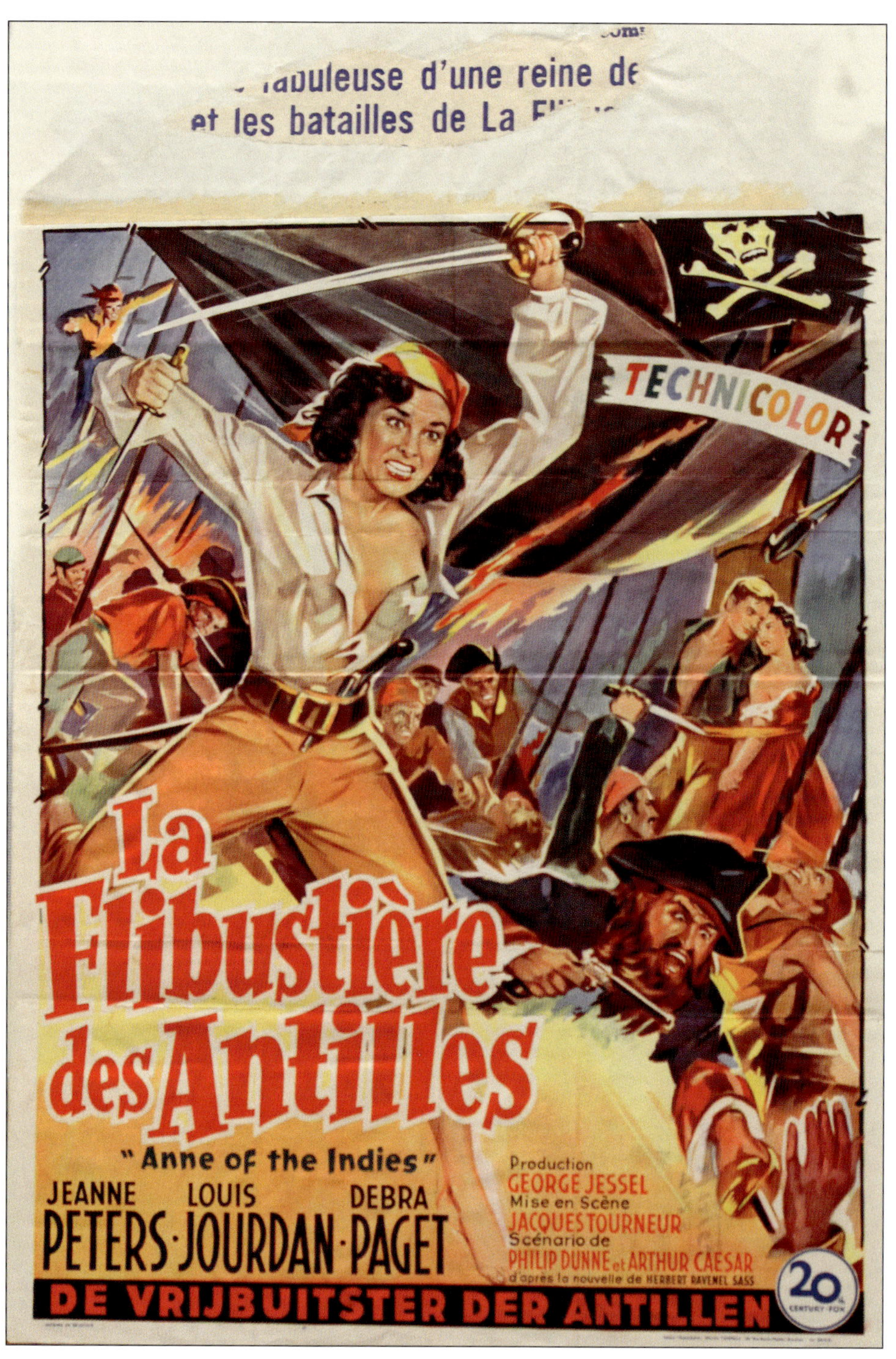

9

belangrijkste figuur in dit beeld. Ze wordt wel geflankeerd door een mannelijke piraat, maar hij lijkt van minder belang: hij wordt lager in beeld gebracht, van zijn lichaam is alleen het bovenste deel zichtbaar. Al de andere elementen bevinden zich veeleer op de achtergrond, maar maken wel duidelijk dat de actie op een piratenschip plaatsvindt (de vlag met doodshoofd wappert in de rechterbovenhoek). Het is een vurig beeld, niet alleen door het vuur op de achtergrond, maar ook het vlammende geel op de voorgrond, tussen de benen van de vrouwelijke piraat. Op die plaats komt de tekst, de Franse titel is in losse letters gezet die zelf ook enige beweging suggereren. De scène is met tamelijk losse trekken geschilderd, de diagonale lijnen zorgen voor een zeer dynamisch beeld. Het opvallende kleurpalet van de affiche zal allicht ook een hint geweest zijn naar het feit dat het om een kleurenfilm ging, wat in die periode nog vrij nieuw was (zie de tekstuele vermelding van 'technicolor' op de affiche zelf).

De compositie van dezelfde Belgische affiche is zo goed als identiek aan de oorspronkelijke Franse, ontworpen door de belangrijke Franse affiche-ontwerper Roger Soubie (1898-1984).[29] Er is wel een verschil in het kleurgebruik en de penseeltoets. Andere, nog bekende affiches van deze film tonen ook de vrouwelijke piraat wijdbeens op de voorgrond maar de mise en scène is toch telkens lichtjes verschillend.

Regisseur in beeld

De affiche voor Alfred Hitchcocks *The Birds* (1963 / 1963) is de enige affiche in de collectie die ook de regisseur zelf in beeld brengt (ill. 10).[30] Hitchcock gaf zichzelf trouwens altijd een klein figurantenrolletje in zijn films en zijn kenmerkend profiel was bij het brede publiek bekend. Doorgaans zullen allicht alleen cinefielen zich interesseren aan de crew achter de schermen, maar Hitchcock was in de jaren veertig al een keurmerk op zich geworden, ook buiten de cinemazalen. Zo presenteerde hij op de Amerikaanse

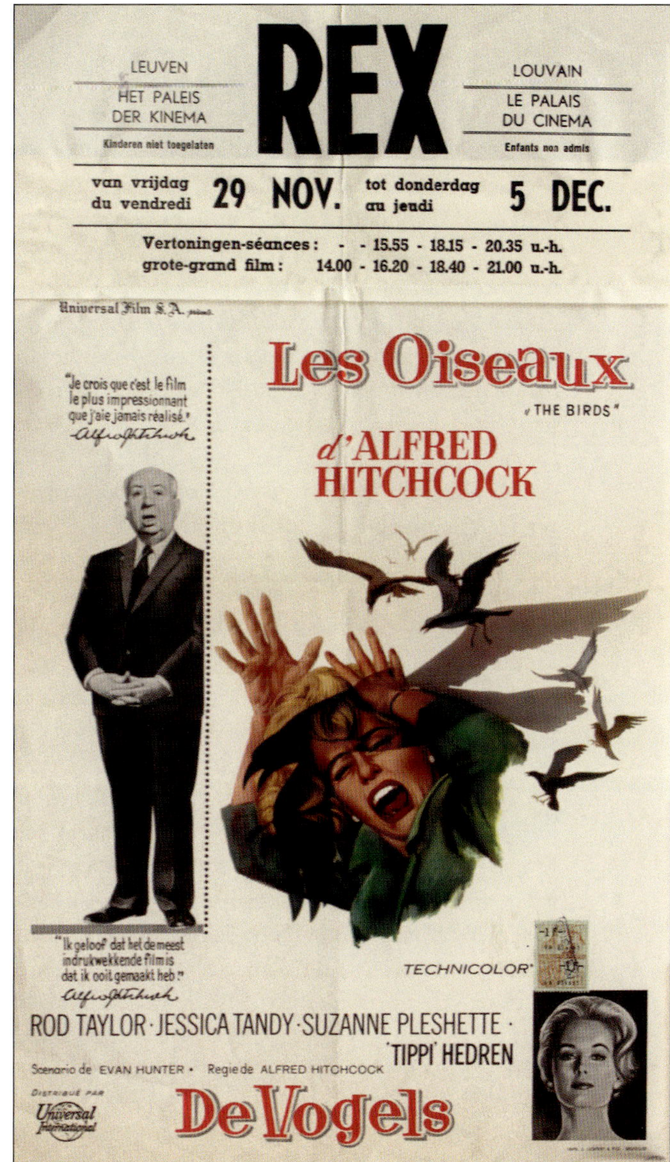

10

29 Meer informatie over deze belangrijke Franse affiche-ontwerper die meer dan 2000 filmaffiches ontwierp in Boyer & Bourdy 2006.

30 De Duitse affiche voor *The Birds* ging nog verder door alleen Hitchcock af te beelden.

zenders CBS en NBC tussen 1955 en 1965 een naar hem genoemde tv-reeks van korte suspense films, *Alfred Hitchcock Presents*.[31] Hij was ook één van de regisseurs die door *Les cahiers du cinéma* als een "auteur" werd beschouwd. Al in 1954 wijdde dit toonaangevende Franse filmblad al een nummer aan hem en in 1957 stelden de Franse filmcritici Erich Rohmer en Claude Chabrol een eerste monografie over hem samen.

Hitchcock is niet alleen lijfelijk aanwezig op de affiche, hij wordt ook geciteerd: 'Ik geloof dat het de meest indrukwekkende film is dat ik ooit gemaakt heb.' Op de Leuvense affiche, gebaseerd op het Amerikaanse ontwerp, staat de regisseur echter niet geheel centraal: hij wordt in de marge, links van een verticale stippellijn geplaatst en in zwart-wit. Het belangrijkste beeld is in vergelijking daarmee veel groter, kleurrijker en actievoller. Het hoofdbeeld toont de vrouwelijke hoofdrol, gespeeld door 'Tippi' Hedren, in close up: met haar handen om haar hoofd en luid schreeuwend. Over haar hoofd is er de schaduw van een vogel en in de verte zijn er nog een zestal vogels te zien. Het beeld maakt meteen duidelijk dat we geen saaie documentaire over vogels te zien zullen krijgen, maar wel een scène waarin een jonge, blonde, attractieve vrouw het aan de stok krijgt met een gevederde vijand. Meer informatie over het verhaal wordt niet gegeven, alleen enkele namen van acteurs, de scenarist en nogmaals de regisseur. De naam Hitchcock staat maar liefst vier keer op de affiche en wordt één keer opvallend in hetzelfde rood als de filmtitel gezet. Opmerkelijk is ook dat 'd'ALFRED HITCHCOCK' in tegenstelling tot de filmtitel wel in kapitalen wordt gezet. De naam Hitchcock is dus haast even belangrijk dan de titel en de actiescène. Eén element lijkt wat minder binnen het algemene ontwerp te passen, namelijk de toevoeging van een bijkomend klein zwart-wit portretje van de hoofdrolspeelster rechtsonder. Allicht wilde men haar ook op een iets meer flatterende en herkenbare manier in beeld brengen.

Suggereren wat niet getoond kan worden

Filmaffiches zullen doorgaans minstens één scène tonen, die men ook in de film kan verwachten. De affiche voor *Man, vrouw en het huwelijk* (1964) (ill. 11) is een uitzondering die de regel bevestigt, want ze is slechts zeer minimaal figuratief. Tegenover een donkergroen kleurvlak worden drie, nog herkenbare, silhouetten van een vrouw, kind en man uitgespaard. Meer informatie krijgen we niet over deze figuren, de witte silhouetten maken er anonieme figuren van, die niet zozeer naar een specifiek persoon verwijzen maar veeleer naar een (stereo) type. De kijker kan de negatieve ruimte naar believen concreet invullen. Naast dit elementair tafereel trekt een fluorescerende en wat brokkelige rode streep de aandacht, want zij verbindt het bovenste deel met de onderste deel van de affiche (waar de Franse titel in eenzelfde rood gezet is). Deze rode streep leidt de kijker ook langs de begeleidende tekst. Terwijl de filmtitel en de silhouetten vrij algemeen blijven, is de begeleidende tekst veel explicieter: 'De beste en uitvoerigste sexuele voorlichtingsfilm'. Ook de Franse tekst belooft de 'meest complete' seksuele voorlichting. Terwijl de vermoedelijk naakte figuren op de affiches alles behalve compleet zijn en nauwelijks sensualiteit uitstralen – daarvoor is de lijnvoering van de witte silhouetten te hoekig – belooft de begeleidende tekst – zij het didactische – toch zeer expliciet seksscènes. Het anonieme van de figuren krijgt in deze wisselwerking een bijbetekenis van hetgeen dat niet mag getoond worden, want pas in de jaren zestig begon in onze contreien het taboe omtrent bloot of seks af te brokkelen. Door niets expliciet te tonen, wordt de aandacht des te meer getrokken: het wit van de silhouetten zou men haast kunnen vergelijken met de zwarte klevertjes die destijds geslachtsdelen of tepels op foto's afdekten. De affiche slaagt er dus in

31 Brooks & Marsh 2003, p. 29.

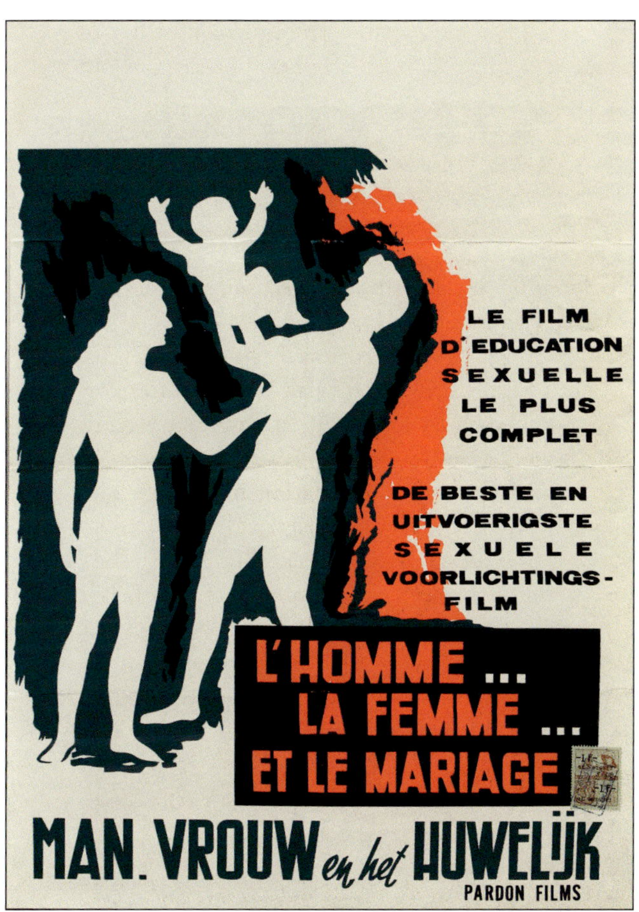

11

om enerzijds de toenmalige fatsoensnormen te respecteren en anderzijds toch duidelijk te maken dat deze film dingen zal laten zien die je doorgaans niet kon zien.

Knallende actie

De affiche voor *De groene mutsen* (*The Green Berets*, 1968 / 1969), (ill. 12) is allicht de meest barokke affiche uit de heel de Leuvense collectie. Hoewel nogal wat andere filmaffiches ook actiescènes bevatten, tonen zij de handeling vaker in een long shot, dus veeleer afstandelijk. Het oogpunt op deze affiche plaatst je echter midden in de actie, je blik gaat dezelfde richting uit als die van de rennende soldaten namelijk naar de plaats van actie. In het convergentiepunt zijn talrijke explosies te zien. Door een zeer laag standpunt te kiezen en het beeld te schilderen alsof het door een vervormend breedbeeldobjectief is gefotografeerd, krijgt de aardoppervlak een tegennatuurlijke kromming die maakt dat de soldaten schuin in beeld worden gebracht en tegelijkertijd voorkomt dat de tekst in de onderste hoeken de actie zou verstoren. Een evenwichtige verdeling in de mise en scène zorgt voor een compositie die tegelijkertijd zeer beweeglijk en in balans is. Hoewel de soldaten op de voorgrond een flink deel van het beeld innemen, wordt het midden vrijgelaten zodat de ontploffingen op de achtergrond toch duidelijk in beeld komen. Het vervormende breedbeeldobjectief-effect in combinatie met de tekst 'Panavision' wijst de kijker er ook op dat de film zelf in breedbeeld vertoond wordt. In tegenstelling tot de meeste affiches van voor de jaren vijftig is deze in liggend formaat.[32]

Bovendien is er niet alleen de suggestie van beweging naar het centrum toe (door de rennende soldaten) maar is er ook een tegenbeweging, zo vliegt de ontploffende houten toren in tegengestelde richting, evenals de helikopters. De combinatie van deze twee gesuggereerde bewegingen (en die van de ontploffingen) ondersteunt nogmaals de dynamiek van het beeld.

Alles is in een rood-gele kleurgloed ondergedompeld. Zelfs al beklemtoont de titel de groene kleur van hun mutsen, groen blijft in het beeld helemaal afwezig, zelfs het gras is zwart-rode tinten weergegeven. Alleen op de Spaanse filmaffiche worden de uniformen van de soldaten in het groen gekleurd. Terwijl op de meeste andere affiches van deze film de twee hoofdacteurs ook geportretteerd worden, worden zij op de Belgische affiche alleen maar tekstueel vermeld.

32 Vóór de introductie van breedbeeldprojecties (zoals CinemaScope) begin jaren vijftig waren zo goed als alle affiches in portretformaat. Vanaf 1953 zijn er talrijke affiches in liggend formaat om het brede CinemaScope-beeldformaat te beklemtonen.

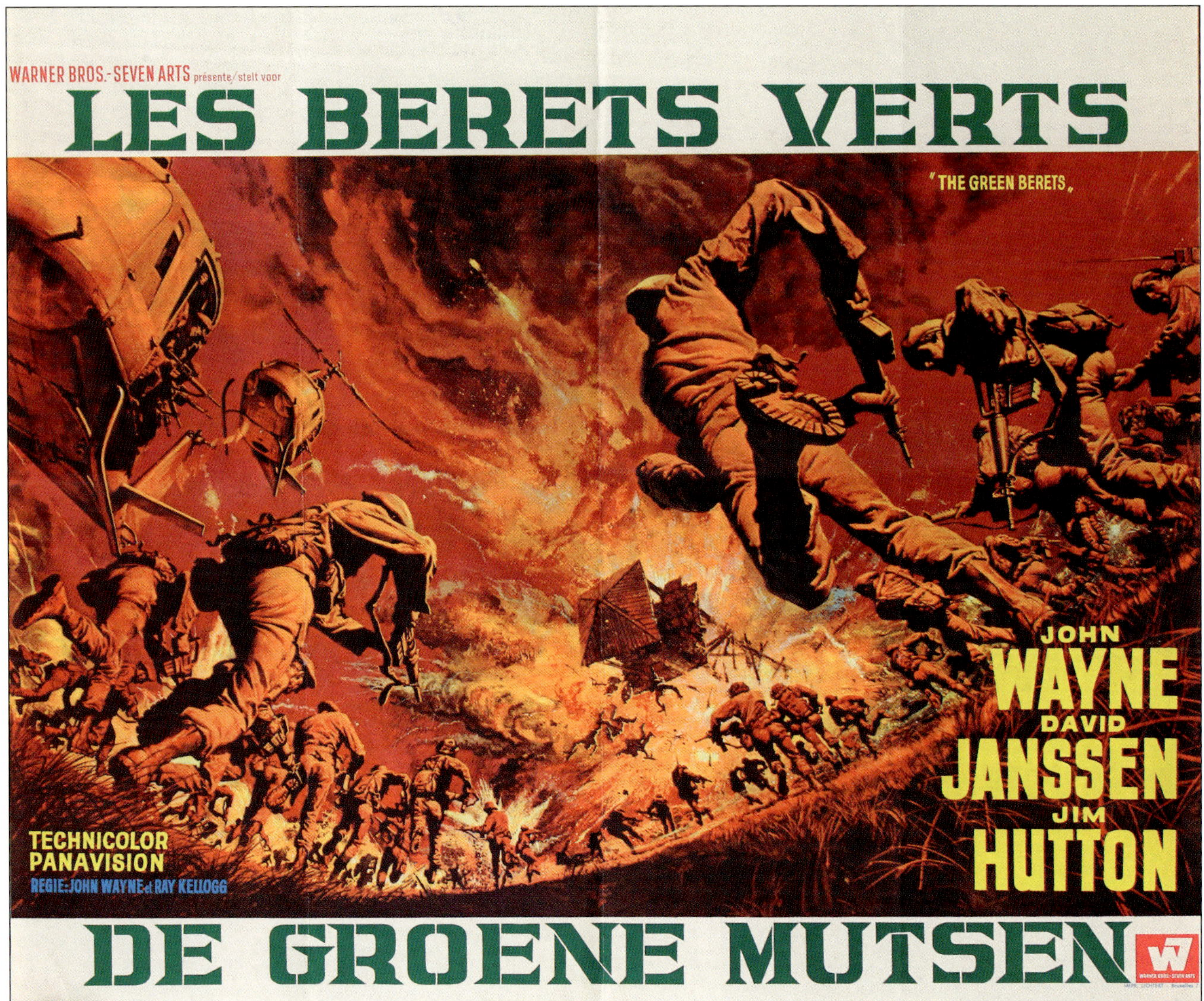

12

Besluit

Zoals blijkt uit deze kleine greep uit de Leuvense collectie konden filmaffiches op heel verschillende manieren met designelementen omgaan. Hoewel het vrij realistisch afbeelden van belangrijke scènes of sterren cruciaal bleef voor de meeste affiches tussen 1932 en 1968, zien we tegen het eind van de jaren vijftig toch meer voorbeelden waarin de ontwerper durft af te wijken van de gebruikelijke principes. Naargelang de historische context, het type van film en het beoogde publiek konden tamelijk verschillende vormelijke strategieën ontwikkeld worden.

3. Een grote film vol liefde en vuur... : Een bioscoopgeschiedenis van Leuven in tien filmaffiches

Leen Engelen

Met de tentoonstelling *Cinema Leuven*[1] staat het Leuvense bioscoopverleden weer in het spotlicht. De geschiedenis van de grote kinemapaleizen en authentieke buurtbioscopen gaat er hand in hand met een presentatie van de interessantste filmaffiches uit de collectie van het Stadsarchief Leuven. De filmaffichecollectie werpt een weliswaar niet geheel volledig, maar toch zeer kleurrijk licht op de programmering en geschiedenis van de Leuvense bioscopen in de periode 1932-1970. In combinatie met de bioscoopstroken bovenaan, bevatten de affiches niet alleen een schat aan informatie over de vertoonde films, de populaire sterren, de taal waarin films vertoond werden..., maar ook over de locatie van de bioscopen, de gehanteerde prijzen, de zaalinrichting, het doelpubliek.... Verschillende bedrijven van de Leuvense bioscoopgeschiedenis zijn al geschreven.[2] Het blijft echter wachten op een mooi overzichtswerk dat ook de hiaten invult. Bepaalde bioscopen, vooral de kleinere wijkbioscopen (zoals Scala of Luxor) en buurtbioscopen uit de deelgemeenten (zoals Valentino in Kessel-Lo of Alhambra in Wijgmaal), zijn nog nooit het voorwerp van een uitgebreid onderzoek geweest. In deze bijdrage schetsen we aan de hand van een tiental filmaffiches de geschiedenis van de Leuvense bioscopen. Dit overzicht beoogt geen volledigheid, maar wil wel de affiches en hun belang als historische bron in de verf zetten.

---

1 OPEK (Leuven), 16 februari 2012-31 maart 2012.

2 Convents 1978, 1982; Nijs 2011; Nys 2011; Thirion 1988; Van Engeland 1988.

'Sprekende Kinema': de jaren dertig en de komst van de sprekende film naar Leuven

De tekstaffiche voor de projectie van *De familie Klepkens* in Cinema Bergère gelegen aan de Tiensestraat, dateert van eind juni 1934 (ill. 1). Het is in deze periode voor kleinere en middelgrote bioscopen (Cinema Bergère telt 360 zitjes)[3] niet ongewoon louter tekstuele affiches te gebruiken. Meestal worden deze – zoals ook hier het geval is – door de bioscoopuitbater rechtstreeks bij een lokale drukker besteld, i.c. de eveneens in de Tiensestraat gevestigde Druk P. Mottart. Cinema Bergère (ook La Bergère genoemd) wordt reeds in 1913 geopend in de gebouwen van de voormalige herberg De Herderin. Het is geenszins de eerste bioscoop van de stad. Alhambra wordt in mei 1909 als eerste geopend in de gebouwen van het Théâtre De Bériot (op de hoek van de Rijschoolstraat en de Vital Decosterstraat[4]). Daarna volgen Casino (november 1909 - Ladeuzeplein), Casino d'Allemagne (januari 1910 - Diestsestraat), Royal (mei 1911 - Bogaardenstraat), Moderne (augustus 1911 - Brusselsestraat), Palace (juli 1912 - Parkpoort), Théâtre du Nord (september 1912 - Martelarenplein) en Patria (oktober 1912 - Bogaardenstraat). Verschillende van deze bioscopen worden tijdens de brand van Leuven in augustus 1914 in de as gelegd of sluiten de deuren omwille van de bezetting. Enkel Alhambra, Casino d'Allemagne (nu veelal Casino genoemd), Palace, Théâtre du Nord (als Eden Théâtra) en La Bergère zullen na de oorlog heropenen.[5]

Hoewel de geluidsfilm anno 1934 ook in de Belgische zalen al goed geïntegreerd is, pakt Cinema Bergère vier jaar na de eerste Leuvense vertoning van de film,[6] nog uit met de eerste Belgische geluidsfilm:

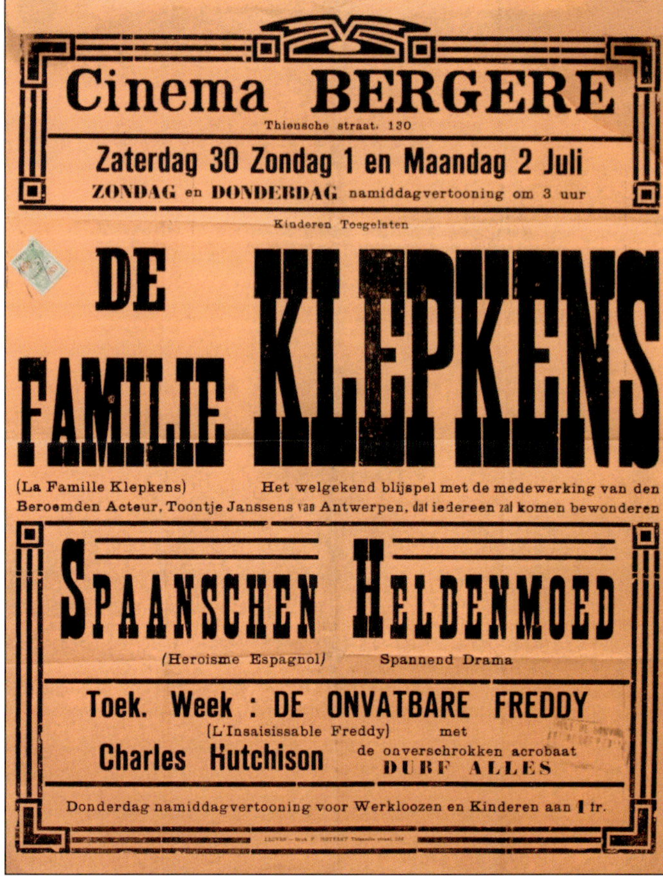

1

De Familie Klepkens (1929), een komische film van de Brusselse regisseur Gaston Schoukens.[7] De film is een typisch Belgisch product en wordt gedraaid in twee geluidsversie: een Franstalige en een Nederlandstalige. Uit de titel op de affiche kunnen we afleiden dat in Cinema Bergère de Nederlandstalige versie vertoond wordt. Cinema Bergère lijkt zich inderdaad op een Nederlandstalig publiek te richten, getuige niet alleen de Nederlandstalige titel, maar ook de verwijzing naar de gekende Antwerpse

3 SAL, Représentations cinématographiques, La Bergère, n° 11254.

4 We hanteren in deze bijdrage de straatnamen anno 2012.

5 NYS 2011, pp. 40-41; THIRION 1988, pp. 158-164.

6 In februari 1930 bracht Louvain Palace *La Famille Klepkens* (1929) in première voor het Leuvense publiek. Louvain Palace vertoonde eerst een hele week de Franstalige versie en aansluitend een hele week de Nederlandstalige versie. (NYS 2011, pp. 85-86).

7 ENGELEN 2011.

volksacteur Toontje Janssens. Het is Janssens, en niet de Brusselse regisseur Gaston Schoukens, die op de affiche geroemd wordt. Het geluid van deze film staat nog niet op de filmstrook zelf (het zogenaamde *sound-on-film* systeem), maar wel op een fonoplaat die synchroon met de beelden afgespeeld wordt (het zogenaamde *sound-on-disc* systeem). Voor de projectie van deze film moest de zaal dus niet uitgerust zijn met dure geluidsfilmapparatuur. Een platendraaier met twee draaitafels en een gewone versterker volstonden. Het feit dat Cinema Bergère deze film in de zomer van 1934 in haar programma opneemt, doet ons vermoeden dat de zaal nog niet is uitgerust met de nodige apparatuur. Deze aanpassing volgt niet lang daarna. In november 1934 afficheert de bioscoop haar heropening onder de nieuwe naam Cameo, met als leuze 'Sprekende Kinema'.[8]

De Familie Klepkens is niet de enige film die het publiek in het weekend van 30 juni kan komen bekijken. Het is in de jaren dertig zeker in kleinere bioscopen niet ongebruikelijk twee lange films na elkaar te vertonen. De tweede titel op de affiche van Cinema Bergère, *Spaanschen Heldenmoed* verwijst vermoedelijk naar de eerder onbekende Spaanse film *Héroismo Español* (1924). Ook de film voor de toekomende week, *Onvatbare Freddy,* verwijst naar een oudere film (wellicht *Lightning Freddy,* van en met Charles Hutchinson, 1926). Het feit dat de films al een aantal jaren oud zijn, geeft aan dat Cinema Bergère anno 1934 zeker geen topbioscoop was. Met namiddagvertoningen en speciale tarieven voor kinderen en werklozen lijkt Cinema Bergère zich in deze periode sterk op een minder veeleisend of althans minder kapitaalkrachtig publiek te richten. De leeftijd van de films verklaart tevens waarom Cinema Bergère zich met een zelfgemaakte tekstuele affiche tevreden moet stellen. Wellicht beschikte de distributeur niet (meer) over affiches voor de gevraagde films.

Schoone filmen – goede filmen – zuivere filmen: familiekinema in Leuven

In februari 1935 programmeert Lovanium *Twee harten... Een saxo* (*Heut' kommt's drauf an,* Kurt Gerron, 1933), een muzikale film die in maart 1933 in Duitsland in première was gegaan (ill. 2). Een tijdsinterval van twee jaar tussen de internationale première en de vertoning in een provinciestad is in de jaren dertig zeer gemiddeld te noemen. Wellicht is de film reeds in de loop van 1934 in een Brusselse bioscoop vertoond. De in 1930 geopende Lovanium aan de Vaartstraat is een van de fraaiste vooroorlogse Leuvense zalen. Met meer dan 700 zitplaatsen verdeeld over een parterre en een balkon is Lovanium bovendien een van de grootste zalen, enkel Alhambra (vanaf 1939 A.B.C.) en Louvain Palace (vanaf 1933 Forum) doen beter met meer dan 1500 plaatsen. Lovanium is aanvankelijk een multifunctionele feestzaal verbonden aan de katholieke zuil.[9] Gedurende het eerste decennium van haar bestaan evolueert Lovanium echter naar een volwaardige familiebioscoop met katholiek signatuur.[10] Tot 1937 staat de zaal onder directe leiding van een geestelijke, respectievelijk pater De Wit (1930-+/- 1936) en pater Peters (1937). Vanaf 1938 wordt de zaal geleid door de leek Jules Cayers, die duidelijk het imago van familiebioscoop wenst te behouden. Dit houdt echter niet in dat er enkel religieuze films vertoond worden. Lovanium lijkt resoluut te kiezen voor een zekere kwaliteit die ook een groot publiek weet aan te spreken. Men mag ervan uitgaan dat er wel rekening wordt gehouden met het oordeel van de katholieke filmkeuring. *Twee harten... Een saxo*, een muzikale film met de populaire Duitse acteur Hans

8 SAL, Représentations cinématographiques: La Bergère, nr. 11254.

9 Lovanium is eigendom van de vzw 'Vereniging voor Kristelijke Maatschappelijke Werken van het Arrondissement Leuven' die voor de katholieke bevolking allerlei vormen van ontspanning organiseerde. (SAL, représenations cinématographiques, Lovanium, nr. 11262; Nys 2011, pp. 44-45).

10 Nijs 2011; Nys 2011, pp. 44-50; Van Engeland 1988, pp. 103-125.

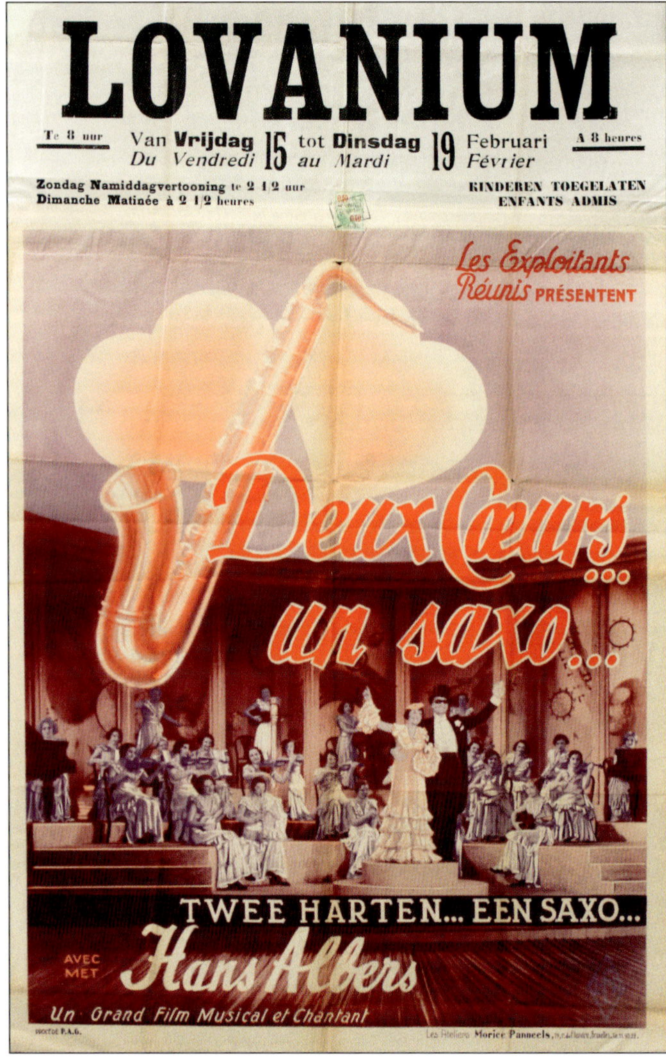

2

Albers past perfect in deze categorie. Het valt overigens op dat op de affiche enkel de naam van de hoofdacteur vermeld wordt; de in onze contreien eerder onbekende regisseur Kurt Gerron wordt nergens vernoemd. Dat Lovanium zich op een familiepubliek richt is ook af te leiden uit de vertoning op zondagnamiddag die op de bioscoopstrook wordt aangekondigd. Daarenboven bevat de affiche de vermelding: 'kinderen toegelaten'. Meer dan 96% van de Lovanium-affiches uit de jaren 1930[11] vermelden expliciet dat kinderen zijn toegelaten. De Belgische wetgeving is wat de bescherming van minderjarigen betreft duidelijk: bioscopen zijn niet toegankelijk voor kinderen jonger dan zestien jaar tenzij de vertoonde film gekeurd is en het label 'kinderen toegelaten' heeft gekregen.[12] Als *familiekinema* heeft Lovanium zeker in de jaren dertig een duidelijke voorkeur voor gekeurde films.

In tegenstelling tot de hierboven besproken affiche van Cinema Bergère wordt de affiche van *Twee harten... Een saxo* door de distributeur, i.c. *Les Exploitants Réunis*, ter beschikking van de exploitant gesteld. Het is dus de distributeur die de affiches bij een drukker bestelt. Sommige distributeurs richten zich bij het opstellen van promotiemateriaal expliciet tot beide landsdelen door tweetalige affiches te voorzien. Dat is ook hier het geval. In de jaren dertig is dit echter nog niet veralgemeend aangezien veel bioscopen in Vlaanderen – en zeker in een de facto tweetalige stad als Leuven – bij gebrek aan een Nederlandstalige versie of om hun publiek uit de hogere klassen te behagen ook de Franse versie van buitenlandse films vertonen. In het geval van *Twee harten... Een saxo.* blijkt de taal van de vertoonde film niet duidelijk uit de affiche – waarvan ook de bioscoopstrook tweetalig is.

Voor het ontwerp van het drukwerk stelt de distributeur beeldmateriaal ter beschikking aan een drukker: het betreft onder meer foto's van de hoofdpersonages, setfoto's, synopsis en soms de originele affiches. In dit geval kiest de filmverdeler, die contacten heeft met diverse drukkers, ervoor om samen te werken met *Les Ateliers Morice Panneels* uit de

11 Dit percentage is berekend aan de hand van de affiches die in de collectie van het SAL bewaard worden. De collectie bevat voor Lovanium geen affiches uit 1932. Het gaat hier dus om de periode 1933-1939.

12 Het betreft de wet van 1 september 1920 waarbij aan minderjarigen beneden 16 jaar toegang tot de bioscoopzalen wordt ontzegd. De wet verscheen in het Belgisch Staatsblad op 18 februari 1921 en trad in werking op 28 februari 1921.

Vlaanderenstraat in Brussel. Het atelier opteert bij deze affiche voor een combinatie van een foto-offset techniek (het orkest) en zuivere lithografie (de saxofoon en de harten). Wellicht wil men hiermee de affiche een moderne toets geven. Wie er precies verantwoordelijk is voor het ontwerp valt niet uit de affiche af te leiden. De drukkers hebben immers verschillende tekenaars en grafisch ontwerpers in dienst die veelal anoniem werken. In sommige gevallen werken drukkers bovendien met tekenaars in onderaanneming wat het identificeren van individuele ontwerpers een bijna onmogelijke taak maakt.

De artistieke merite van de affiche voor *Twee harten... Een saxo* staat in schril contrast met de affiche voor de Franse film *L'ange gardien* (Jean Choux, 1934) die uit hetzelfde atelier, maar wellicht van een andere tekenaar, afkomstig is (ill. 3). Voor zover we kunnen nagaan gaat het hier om een origineel ontwerp van *Les Ateliers Panneels*. De affiche vermeldt enkel de strikt noodzakelijke informatie: de originele titel van de film, de bekendste acteurs (de Franse bariton André Baugé en de Roemeens-Franse actrice Pola Illéry die enkele jaren voordien de vrouwelijke hoofdrol speelde in René Clairs *Sous les toits de Paris,* 1930) en de naam van de distributeur. Er wordt geen Nederlandstalige titel opgenomen. De film speelt in maart 1935 in Lovanium. De grote verschillen tussen beide affiches illustreren hoe weinig controle de individuele bioscoopexploitant heeft op zijn promotiemateriaal. Enkel over de bioscoopstrook had hij de volledige zeggenschap.

Bioscopen tussen *Vaderlandsche plicht* en continuïteit

In de loop van de jaren dertig groeit Lovanium uit tot een belangrijke trekpleister voor wie op zoek is naar degelijk bioscoopvertier. Bij het aanbreken van de Tweede Wereldoorlog ziet de directie zich echter genoodzaakt de deuren te sluiten. Gezien de controle die de bezetter op het filmwezen uitoefent kan men immers niet geopend blijven zonder zich hieraan te onderwerpen en mee propaganda te voeren voor Duitsland.[13] Ook Palace, gelegen aan de Parkpoort, sluit in de oorlogsjaren de deuren. Forum, A.B.C. (tot 1939 Alhambra), Casino, Cinetrip (nu Cine City genoemd), Eden en Scala blijven open.[14]

Scala, gelegen aan de Tervuursesteenweg in deelgemeente Heverlee, is bij het begin van de oorlog nog maar enkele maanden in bedrijf. In januari 1939 krijgt de eigenaar, mevr. Rega-Deprins de toelating om de achtergelegen danszaal van een herberg aan de 'Tervuurschesteenweg 65B' te verbouwen tot bioscoop. In de zaal zijn 211 zitplaatsen, wat van Scala meteen de kleinste zaal uit de weide omgeving maakt. Scala heeft blijkbaar van meet af aan de intentie een bioscoop voor jong en oud te zijn, vanaf de eerste vertoningen vermeldt de bioscoopstrook: 'kinderen altijd toegelaten' (ill. 4). De bioscoop, die net buiten de Leuvense vest gelegen is richt zich - dixit de Nederlandstalige bioscoopstroken – op een Nederlandstalig publiek. Naast de omgeving van de Tervuursesteenweg, rekent Scala blijkbaar ook een gedeelte van de binnenstad tot haar rekruteringsdomein. De bioscoop laat immers door de Leuvense 'plakker' affiches verspreiden in de binnenstad.

De eerste vertoningen in Scala vinden vermoedelijk plaats in oktober 1939. Wanneer enkele maan-

13 Zie de affiche betreffende de heropening van Lovanium in oktober 1944: 'Familiekinema Lovanium. WIJ HEROPENEN. Gedurende den oorlog hebben wij onze zaal gesloten omdat het onze vaderlandsche plicht was te weigeren langs den film propaganda te maken voor Duitschland. Vier jaren waren wij daardoor verstoken van alle inkomsten, wat een zwaar financieel offer betekende. Nog een drietal weken hebben wij noodig om te herstellen wat door de bombardementen werd stukgeslagen. Zoodra de dingendste herstellingen gedaan zijn heropenen wij onder onze oude leuze: SCHOONE FILMEN - GOEDE FILMEN - ZUIVERE FILMEN - GOEDKOOPE FILMEN. Wij hopen dat de bevolking onzer houding zal op prijs stellen, en dit zal toonen door regelmatige bezoeken aan KINEMA LOVANIUM.' De affiche werd aangeplakt in de week van 23 september 1944. (SAL, filmaffichecollectie, 47/3/8).

14 Belgische Syndicale Kamer van Filmverhuurders en Vereeniging der Cinemabestuurders van België, 1942, p. 100, 103.

LOVANIUM
Te 8 uur
Van Vrijdag 1 tot Dinsdag 5 Maart
Du Vendredi au Mardi Mars
A 8 heures
Zondag Namiddagvertooning te 2 1/2 uur
Dimanche Matinée à 2 1/2 heures
KINDEREN TOEGELATEN
ENFANTS ADMIS
FILMS SONORES TOBIS
PRÉSENTENT
L'Ange gardien
ANDRÉ BAUGÉ
ET POLA ILLERY DANS
L'ANGE
GARDIEN

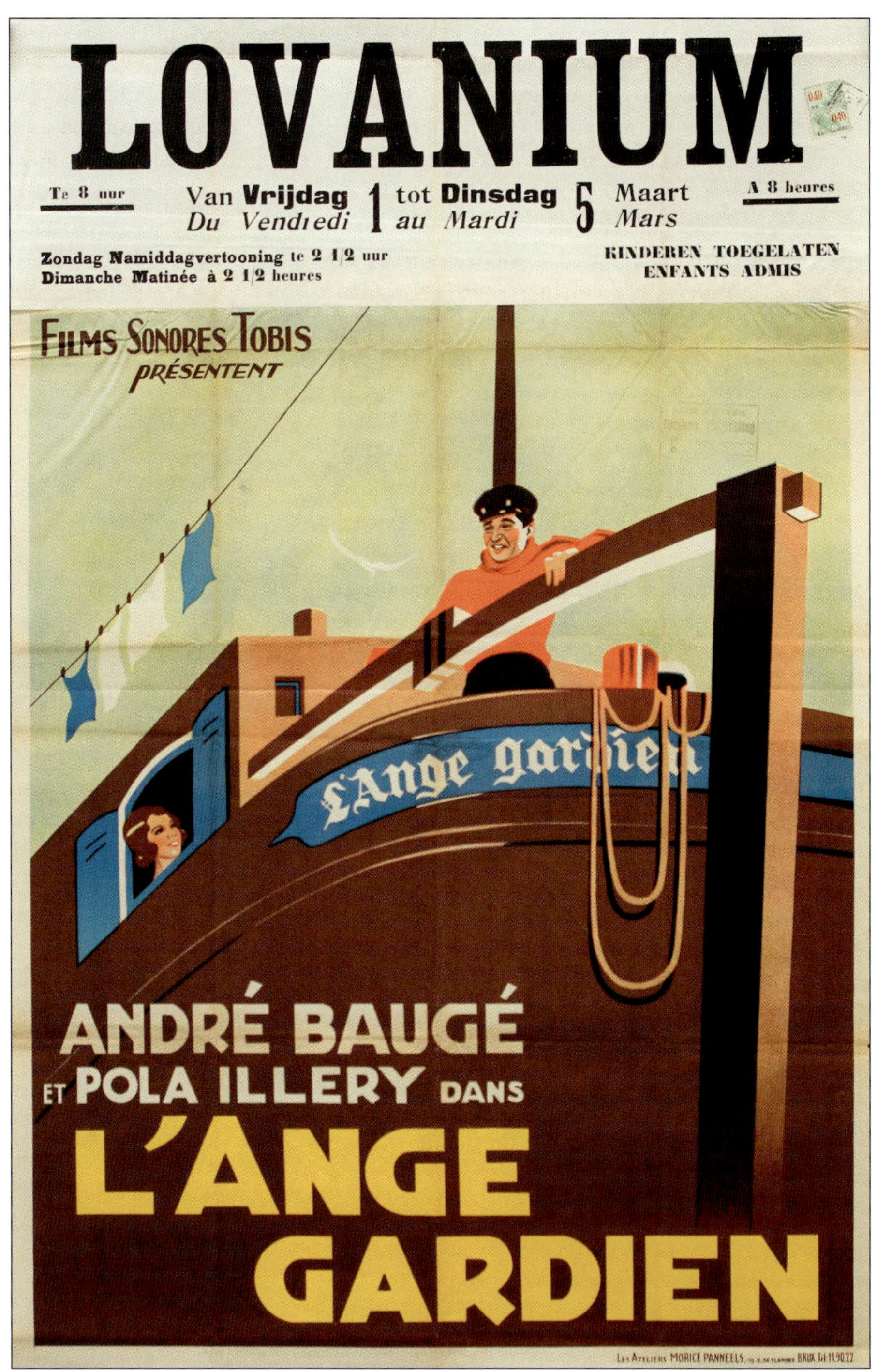

3

den later de Tweede Wereldoorlog zich aandient, sluit het bedrijf – dat uitgebaat wordt door Gaston Rega – kort de deuren.[15] Op 4 mei 1940, een dikke week voor de Slag om Leuven (14 mei 1940) die zou resulteren in de bezetting van de stad, heropent Scala echter de deuren. De eerste film die op de affiche staat is de muzikale komedie *One Hundred Men and a Girl* (Henry Koster, 1937) met Deanna Durbin (ill. 4). Ook in de week die daarop volgt (11-16 mei) gaan de vertoningen gewoon door met de *double bill Magnificent Brute* (John G. Blystone, 1936) en *Het noodlottig Biljet* met Joan Benneth.[16] De affiche-collectie wijst uit dat Scala, in tegenstelling tot wat andere bronnen beweren, tijdens de oorlogsjaren wel geopend blijft.[17] In de collectie zijn verschillende affiches uit de bezettingsjaren opgenomen waaruit blijkt dat Scala de door de bezetter opgelegde programmastructuur, bioscoopjournaal – cultuurfilm – hoofdfilm, respecteert. Dat de bioscoop geopend blijft, wordt ook bevestigd door de het *Jaarboek Cinema 1942* dat de zaal in de categorie 3B onderbrengt.[18] Deze categorisering houdt in dat er een minimum toegangsprijs van 3 fr. gevraagd moest worden. We zien inderdaad op de affiche van *100 hommes et une jeune fille* dat Scala net voor de oorlog prijzen van 1 tot 3 frank hanteert (met het goedkoopste tarief voor kinderen en militairen) en tijdens de

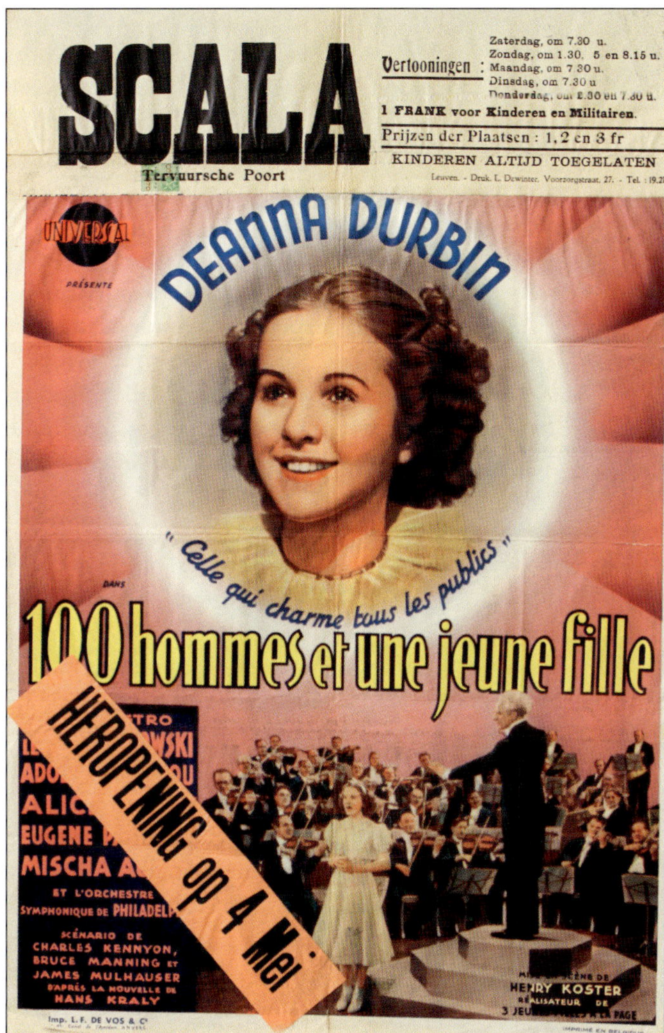

4

oorlogsjaren een eenheidsprijs van 3 frank vooropstelt (kinderen worden toegelaten aan halve prijs).[19] De bezetter voert immers verplichtingen in met betrekking tot de minimumprijs van een toegangsticket. Zo wil men beletten dat bioscoop-bezoek onder invloed van de concurrentie te goedkoop wordt, aangezien de distributeurs (waarvan de meeste

15 De meeste Leuvense bioscopen sluiten in deze periode kort de deuren. Bij aanvang van de bezetting werden bioscoop-uitbaters immers verplicht een (voorlopige) toelating voor cinema-exploitatie aan te vragen. In de affichecollectie vinden we bijvoorbeeld in verband hiermee dat bioscoop Eden middels een affiche aankondigt terug te zullen openen op 14 juni 1940. (SAL, filmaffichecollectie, 38/2/2; Van Engeland 1988, p. 13). Aan de grondslag van de sluiting van Scala, die plaatsvindt voor de bezetting, ligt wellicht een andere oorzaak.

16 Op basis van de Nederlandse titel en de naam van de hoofdactrice kunnen we in dit geval niet met zekerheid zegen over welke film dit gaat.

17 Nys 2011, p. 50; Uytterhoeven & Morias 1996, p. 166.

18 Belgische Syndicale Kamer van Filmverhuurders en Vereeniging der Cinemabestuurders van België, 1942

19 Zie bijvoorbeeld SAL, filmaffichecollectie, 42/2/6.

in Duitse handen waren) recht hebben op een percentage van de opbrengst. Het indelen van de bioscopen in categorieën heeft tevens als doel een rangorde van bioscopen op te stellen. Ten opzichte van bioscopen uit categorie 3B krijgen meer prestigieuze bioscopen uit de rangen 1, 2 en 3A prioriteit wat betreft de filmkeuze. Voor Scala betekent dit dat ze alle bioscopen uit het stadscentrum, met uitzondering van Cine City (cat. 3B, 350 plaatsen) moet laten voorgaan.[20]

Eden en Forum, die beiden categorie 2B krijgen, zijn in de oorlogsjaren de Leuvense topbioscopen. Zij moeten een toegangsprijs van 4 frank vragen en krijgen in ruil recht op de eerste voorstelling in de stad. In de oorlogsjaren floreert het bioscoopbezoek.[21] Het publiek zit hoegenaamd liever in de pluchen zetels van de cinema, dan thuis in zak en as. De Leuvense bioscopen ontkomen ook dit keer evenwel niet aan het oorlogsgeweld. In mei 1944 ontsnapt Forum – die wekelijks een ochtend als *Soldatenkino* wordt opgeëist – ternauwernood aan de vernieling doordat een voor de bioscoop bestemde bom op de huizen aan de overkant van de Bondgenotenlaan terechtkomt.[22] Nog in mei 1944 wordt Eden, gelegen aan het huidige Martelarenplein vlakbij het station echter getroffen door de grootscheepse geallieerde luchtbombardementen die de spoorweginfrastructuur als doelwit hadden. De zaal is zo goed als volledig vernield en moet de deuren sluiten.[23] Een van de laatste vertoningen die in het Eden Théâtre doorgaat is de Duitse film *Ik heb U lief* van Herbert Selpin (*Ich liebe dich,* 1938)[24] (ill. 5). De film wordt in maart 1944 geprogrammeerd, maar dateert reeds van 1938. Dat er in de oorlogsjaren veel Duitse films vertoond, worden hoeft gezien de strenge controle van de bezetter op het filmwezen niet te verbazen.[25] *Ich liebe dich* had vooral in Duitsland een groot succes gekend.

Het is opmerkelijk dat op de affiche wat betreft de titel van de film de beide landstalen gelijkwaardig zijn. De Duitse titel wordt niet vermeld, wat er op wijst dat de film in een Frans nagesynchroniseerde versie vertoond wordt. Indien vertoners of distributeurs nog over oude Franstalige affiches beschikten, moesten deze volgens de reglementering en conform de Duitse cultuurpolitiek na december 1941 handmatig aangepast worden door bijvoorbeeld een Vlaamse titel toe te voegen of een Franse titel te overplakken. Dit lijkt hier niet het geval te zijn, al is het denkbaar dat de Nederlandse titel (op het zwarte strookje) in 1944 alsnog aan het ontwerp is toegevoegd.[26] Mogelijk is men echter van mening dat het overplakken van de Franse titel het publicitaire karakter van de affiche te sterk zou aantasten, de enige uitzondering die officieel werd toegestaan.[27]

Concurrentie en consolidatie

Eens de oorlog voorbij is pakken een aantal zalen groots uit met hun heropening. De tijd van de revanche is aangebroken: *Engelsche Actualiteiten* vervangen het verplichte *Wereldnieuws,* de door de bezetter gepatroneerde Belgische versie van het Duitse *Ufa* filmjournaal[28] en meer en minder ernstige 'antinazi

20 Belgische Syndicale Kamer van Filmverhuurders en Vereeniging der Cinemabestuurders van België, 1942, p. 100.

21 Vande Winkel 2007, p. 75.

22 Van Engeland 1988, pp. 25-26.

23 Van Engeland 1988, p. 15.

24 Herbert Selpin is in 1942, tijdens het draaien van zijn film *Titanic,* in aanvaring gekomen met het regime en overlijdt in 1942 in verdachte omstandigheden. Zijn films worden echter gewoon verder verdeeld, zij het meestal zonder vermelding van de naam van de regisseur.

25 Zie ook: Vande Winkel 2007.

26 We willen er hier op wijzen dat Leuven als een van de enige steden in Vlaanderen soms de toelating kreeg om films in de Franse versie te vertonen. Mogelijk was de controle wat betreft het taalgebruik op de affiches in Leuven ook minder streng dan in de rest van Vlaanderen.

27 Voor een gedetailleerde studie van de invloed van de Duitse bezetting op de Belgische filmaffiche, zie: Van de Broek 2010.

28 Vande Winkel 2009a, pp. 200-204.

EDEN CINEMA
WEEK van 10 tot 16 MAART
MERCATOR
PRÉSENTE · STELT VOOR
Victor DE KOWA
Luise ULLRICH
IN
DANS
Je t'aime
IK HEB U LIEF
TOBIS
Imp. L. F. De Vos & Cie Anvers-Bruxelles (Belgique)
IMPRIMÉ EN BELGIQUE

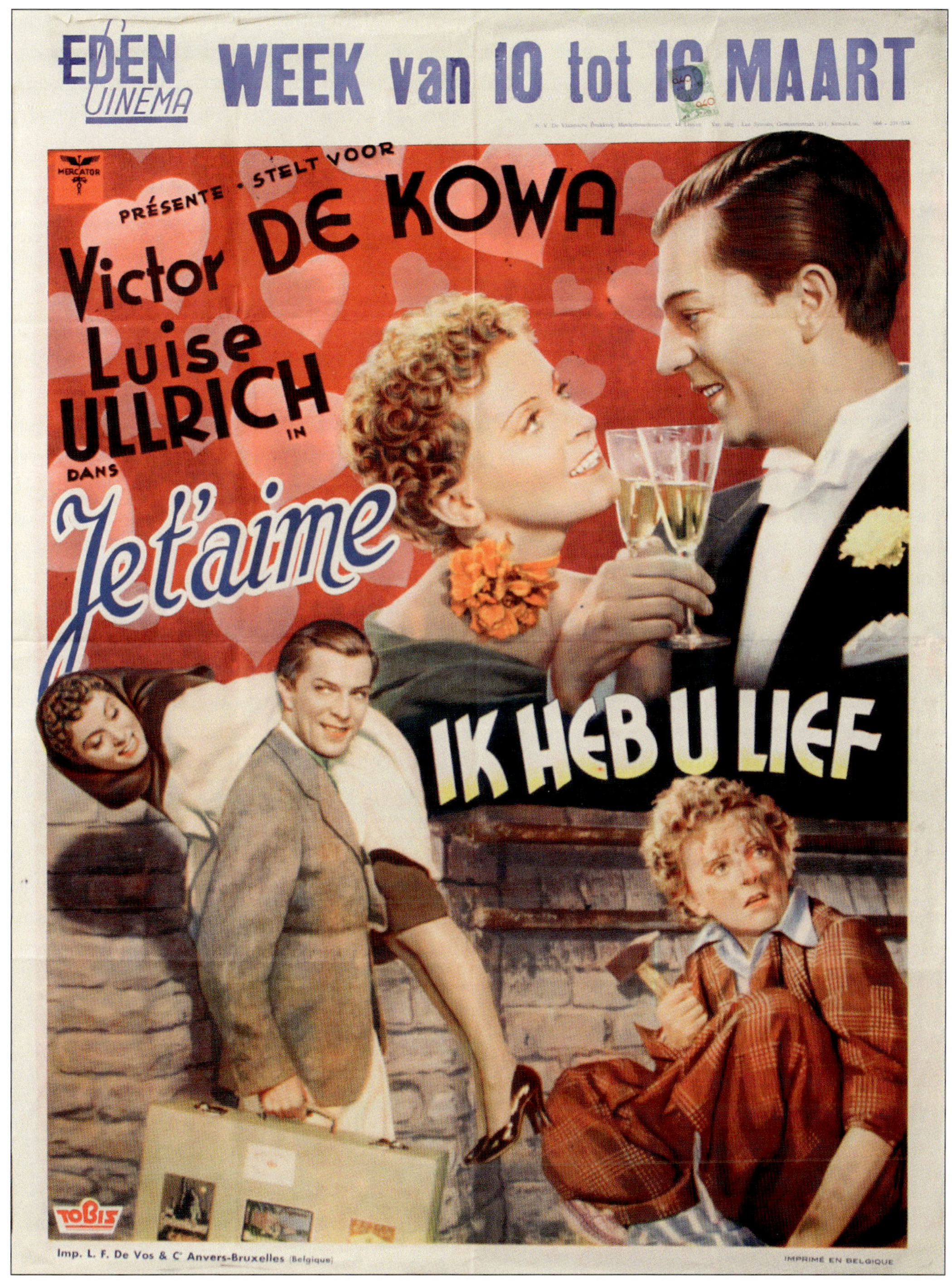

5

films' verschijnen op de affiche: *The Great Dictator* (Charles Chaplin, 1939), *Tarzan overwint de nazis* (W. Thiele, 1943) en *De Gestapo tegen de "G'men"* (A. Litvak, 1939). Dit belet de exploitanten echter niet om Duitse kassuccessen als *Die goldene Stadt* met Kristina Söderbaum opnieuw op het programma te plaatsen. Op 1 december 1944 heropent ook bioscoop Palace aan de Parkpoort, dit gebeurt onder een nieuwe naam (Luxor) en een nieuwe eigenaar, de Mechelaar Martin Pardon. Pardon bezit reeds twee andere bioscopen in respectievelijk Mechelen en Willebroek en is tevens actief als filmdistributeur. Hij heeft dus goede papieren om van de Leuvense Luxor een succes te maken. De bioscoop, met ongeveer 380 plaatsen, is gelegen op de grens van een aantal zeer verschillende stadwijken: ten eerste is er de onmiddellijke omgeving van de Parkpoort, een eerder volkse buurt; vervolgens ligt de bioscoop ook vlakbij de begin jaren twintig opgerichte tuinwijk *Matadi,* die zich expliciet op de middenklasse richt; en ten slotte grenst de bioscoop aan het zogenaamde *Nieuw Kwartier*, tussen de Parkstraat en de Naamsestraat, met veel statige burgerwoningen. De bioscoop is tevens de dichtstbijzijnde bioscoop voor de militaire kazerne van Heverlee. Ze kan dus potentieel een heel divers publiek aantrekken. Voor de oorlog is Palace een uitgesproken volkse bioscoop. In 1944 lijkt Pardon het over een andere boeg te willen gooien. Een affiche kondigt aan dat Luxor garant staat voor 'steeds de beste programma's en 'Engelsche actualiteiten'.[29] In de eerste jaren na de heropening worden vaak kwaliteitsfilms geprogrammeerd. Zo staan in het voorjaar van 1946 zowel *Angels with Dirty Faces* (Michael Curtiz, 1938), *Sergeant York* (Howard Hawks, 1941) als *Casablanca* (Michael Curtiz, 1942) op de affiche. Stuk voor stuk films met een uitstekend palmares, die omwille van de bezetting de Leuvense zalen niet gehaald hebben.[30] Luxor onderhoudt blijkbaar uitstekende contacten met het grote Amerikaanse productie- en distributiehuis *Warner Brothers* dat deze drie films distribueert. De bioscoopstrook op de affiche voor Michael Curtiz' *Casablanca* (ill. 6) bloklettert: 'Alleen in LUXOR kunt u deze film ten volle genieten! Komt dus naar de LUXOR!' In Luxor is de film vanaf 12 april te bekijken en met deze slogan gaat de bioscoop de concurrentie aan met Lovanium dat *Casablanca* in diezelfde week (10 april 1946) dagelijks op het programma heeft staan (ill. 1, p.15). Hoewel voor de oorlog de *double bill* in Palace gebruikelijk was, houdt de nieuwe uitbater de in de oorlogsjaren verplichte *single bill* aan door slechts één (kwalitatieve) film op het programma te plaatsen, eventueel wel aangevuld met enkele korte (vaak komische) films, zoals een Mickey Mouse cartoon of een oude Chaplin kortfilm.[31] Bijkomend (financieel) voordeel van deze programmeringstrategie is dat de exploitant minder films moet huren. Zoals veel bioscopen uit die tijd is de programmering in Luxor doorlopend. De aangekondigde film wordt vanaf het aanvangsuur gedurende de hele dag herhaald en het publiek kan op eender welk tijdstip de zaal betreden.[32]

Deze affiche voor *Casablanca* is gedrukt op de achterzijde van een oude topografische kaart, wat in de periode 1941-1946 omwille van de papierschaarste niet ongebruikelijk is.[33] Vanaf midden 1946 is de aanvoer van papier blijkbaar hersteld gezien het gebruik in die periode volledig verdween. De affiche plaatst Humphrey Bogart en Ingrid Bergman centraal. Hoewel ook de naam van de derde hoofdrolspeler, Paul Henreid, vermeld wordt, staat hij niet op de affiche afgebeeld. Die eer komt toe aan het droomkoppel Bogart en Bergman. Deze afbeelding is gebaseerd op een bekende setfoto van het duo. De (onbekende) affiche-ontwerper die werkte

29 SAL, filmaffichecollectie, 47/3/15.

30 De PAB had in de zomer van 1940 een verbod op de vertoning van alle Britse en Amerikaanse films ingesteld. Zie ook de bijdrage van Roel Vande Winkel aan dit Cahier.

31 Zie bijvoorbeeld: SAL, filmaffichecollectie, 47/3/10 of 49/1/9.

32 zondag vanaf 1u, zaterdag en donderdag vanaf 2u en op andere dagen vanaf 4u. Zie: SAL, filmaffichecollectie, 47/3/10.

33 Van de Broek 2010, pp. 113-115.

LUXOR
PARKPOORT
Vrijdag 12 April 1946.
Alleen in de LUXOR kunt U deze film ten volle genieten !
Ce n'est qu'au LUXOR qu'on peut jouir complètement de ce film !
Komt dus naar de LUXOR !
Venez donc au LUXOR !
WARNER BROS
First National Films, Inc.
présente
Humphrey BOGART
Ingrid BERGMAN
Paul HENREID
dans
Casablanca
Avec CLAUDE RAINS et SIDNEY GREENSTREET
Mise en Scène de MICHAEL CURTIZ

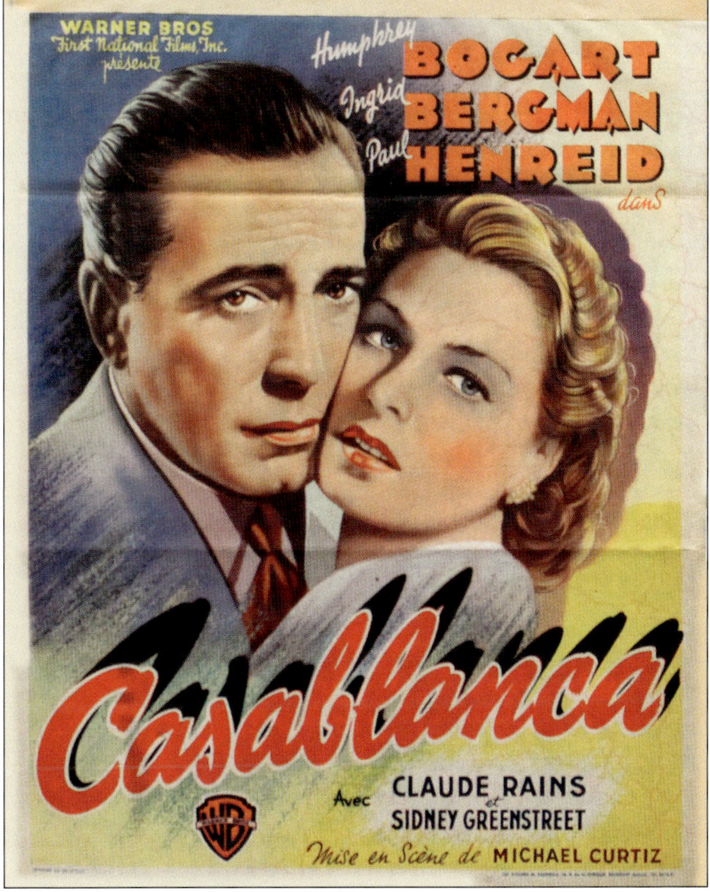

6

voor *Les Ateliers M. Panneels* brengt slechts een paar kleine wijzigingen aan: Bogart en Bergman worden min of meer op dezelfde hoogte afgebeeld (op de foto is Bergman duidelijk kleiner van gestalte of lager afgebeeld dan Bogart) en Bogarts kenmerkende *bow tie* wordt op de tekening vervangen door een in onze contreien meer vertrouwde stropdas. Mogelijk is de tekenaar hier geïnspireerd door de originele Amerikaanse affiche ontworpen door Bill Gold.[34] In tegenstelling tot de Amerikaanse affiche, waarop we in afnemende grootte een hele reeks personages zien en Bogart alleen op het voorplan staat, zet de Belgische affiche duidelijk in op de liefdeshistorie tussen Bogart en Bergman.

Luxor zal echter al snel 'degraderen' tot volksbioscoop. Wellicht ondervindt het etablissement te veel concurrentie van de meer centraal gelegen grote luxebioscopen Forum en Eden (vanaf 1950). Luxor ziet al na een aantal jaar de grote kaskrakers steeds vaker aan zich voorbij gaan en moet veelvuldig genoegen nemen met B-films van een lager zedelijk allooi. Luxor zal ook steeds vaker twee langspeelfilms op het programma plaatsen. Dit vinden we ook terug op de affiche voor *Ruée vers la Californie* (*California Passage*, Joseph Kane, 1950) (ill. 7), een Amerikaanse zwart-wit western uit de *Republic Pictures* stal. Op de bioscoopstrook wordt als tweede grote film *Een rare ploeg* aangekondigd. Deze laatste is wellicht een komische film waarover geen andere info gegeven wordt.

In het voorjaar van 1956 wordt Luxor definitief op een zijspoor gezet (tot aan de sluiting in 1962) wanneer het gloednieuwe bioscooppaleis Ciné Rex op de Bondgenotenlaan de deuren opent. Rex is in handen van André Dijck en H. Dewit, die meteen ook het nabijgelegen Forum exploiteren. Met 1077 zitplaatsen, verdeeld over een *parterre* en een balkon, moet Rex net onderdoen voor Forum (1435 plaatsen in 1952); met zijn stoelen met luipaardmotief, glamoureus rood fluwelen gordijn en extra breed scherm wint Rex wat betreft comfort en atmosfeer met stip van alle andere concurrenten. Op alle affiches voert Rex de eretitel 'Het paleis der kinema' in het vaandel. Aanvankelijk ondervindt Rex echter sterk de concurrentie van Eden en Lovanium; Forum zal onder bestuur van Dijck en Dewit snel tot *second run* bioscoop gedegradeerd worden. Zeker in de beginjaren is Rex daardoor niet te beroerd om toe te geven aan de smaak van het publiek – zo lang de zaal maar vol zit. Zo staan eind jaren vijftig herhaaldelijk Vlaamse volkskluchten van Edith Kiel of bekende schandaalfilms op het programma. Rex zal met wisselend succes blijven strijden voor een plaats aan de Leuvense bioscooptop.[35] In januari 1958 afficheert Rex *Man of a Thousand Faces* (J. Pevney, 1957), een *biopic* over het leven van de Amerikaanse cultacteur Lon Chaney. De film is pas in oktober 1957 in de Verenigde Staten uitgekomen. Rex moet dus een van de eerste Belgische bioscopen geweest zijn die de film op de affiche heeft. De affiche (ill. 8) prijst het CinemaScope formaat aan, een relatief nieuw anamorf breedbeeldformaat, waarmee Hollywood begin jaren vijftig de concurrentie met de televisie is aangegaan. Het breedbeeldformaat wordt ook in de landschapsoriëntatie van deze affiche gereflecteerd. De affiche speelt duidelijk in op zowel de populariteit van hoofdacteur James Cagney – die groot op de voorgrond prijkt – als op de reputatie van Lon Chaney, die als acteur in talloze horrorfilms (vooral uit de periode van de stille film) in zoveel verschillende vermommingen aantrad, dat hij als 'de man van duizend gezichten' bekend staat. Hoewel dit aspect slechts op de achtergrond van de affiche wordt gevisualiseerd, benadrukt de door Rex toegevoegde bioscoopstrook dit sterk. Uiteraard krijgt ook de driehoeksrelatie tussen Lon Chaney, zijn eerste

34 Bill Gold (1921) is een Amerikaans grafisch ontwerper die zich specialiseerde in filmaffiches. Begin jaren veertig werkte hij voor Warner Brothers. *Casablanca* was een van de eerste affiches die hij ontwierp. Nourmand & Frayling 2010.

35 Zie hiervoor ook de cijfers gepresenteerd in Van Engeland 1988, pp. 131-132.

LUXOR Van 22 tot 28 AUGUSTUS
Als 2e grote film : "EEN RARE PLOEG,,
REPUBLIC PICTURES CORP. HERBERT J. YATES PRESIDENT présente
FORREST TUCKER
ADELE MARA
ESTELITA RODRIGUEZ
PRODUCTEUR ASSOCIÉ MISE EN SCÈNE
JOSEPH KANE.
RUÉE VERS LA CALIFORNIE
„CALIFORNIA PASSAGE"
CALIFORNIA PASSAGE.
REPUBLIC PICTURES

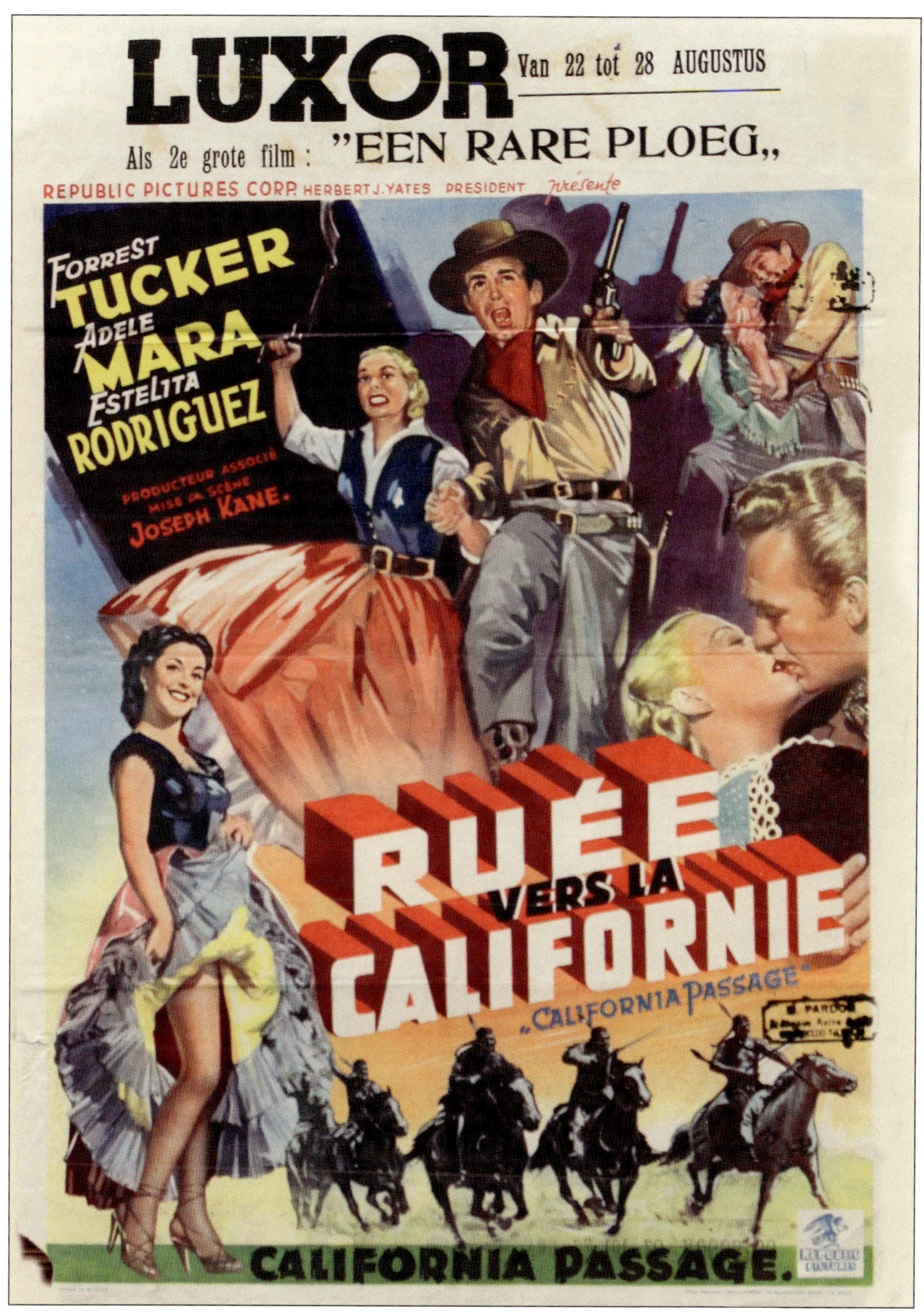

7

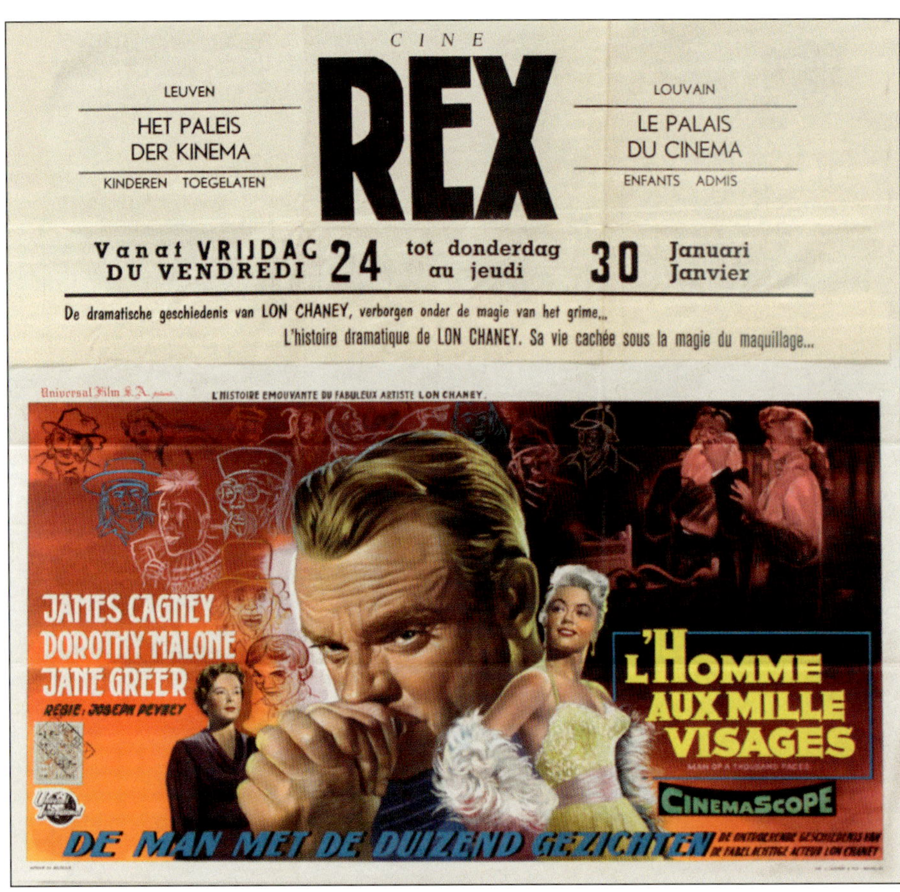

8

echtgenote – de brave Cleva – en zijn *amante* (en tweede echtgenote) – de revue-danseres Hazel – op de affiche de nodige aandacht.

Het is moeilijk de vinger te leggen op de programmeringstrategie van Rex. Doorgaans toont de bioscoop één film per week en zijn de vertoningen doorlopend. Toch wordt met de regelmaat van de klok van deze strategie afgeweken: twee films per week die elk drie à vier dagen op het programma staan, *double bill* vertoningen, bijkomend korte films op het programma of succesvolle films die voor een tweede week op het programma gehouden worden. Dit laatste was onder meer het geval voor een aantal James Bond films,[36] en voor de Britse film *Zulu* (Cy Endfield, 1964) (ill. 9), een groots spektakel, gefilmd in Technicolor kleuren en Technirama breedbeeld.

Het eindspel

Met de komst van de Studio Filmtheaters in 1968 lijkt de teerling geworpen, al zal het meer dan vijftien jaar duren vooraleer de Leuvense buurtbioscoop voorgoed schaakmat gezet wordt. Het valt buiten het bestek van deze bijdrage de complexiteit van dit hele proces in kaart te brengen. Daarenboven dunt de affichecollectie eind jaren zestig sterk uit: enerzijds worden er steeds minder affiches bij de stadsdiensten gedeponeerd en anderzijds is er wellicht voor deze periode ook een probleem met de archiefvorming en bewaring. De meest recente affiches uit de collectie zijn aangeplakt in 1971. Toch zijn deze laatste getuigen betekenisvolle voorboden van het komende verval. Naast affiches voor grote (veelal Amerikaanse) films en de betere Europese *arthouse* film – die in Leuven steeds te zien zullen blijven – zien we in de jaren zestig steeds vaker affiches die films van pikanter allooi suggereren. Leuven heeft nooit een regelrechte seksbioscoop gehad, maar zowat alle bioscopen die het moeilijk krijgen nemen op een

36 Zie de bijdrage van Joachim Nijs.

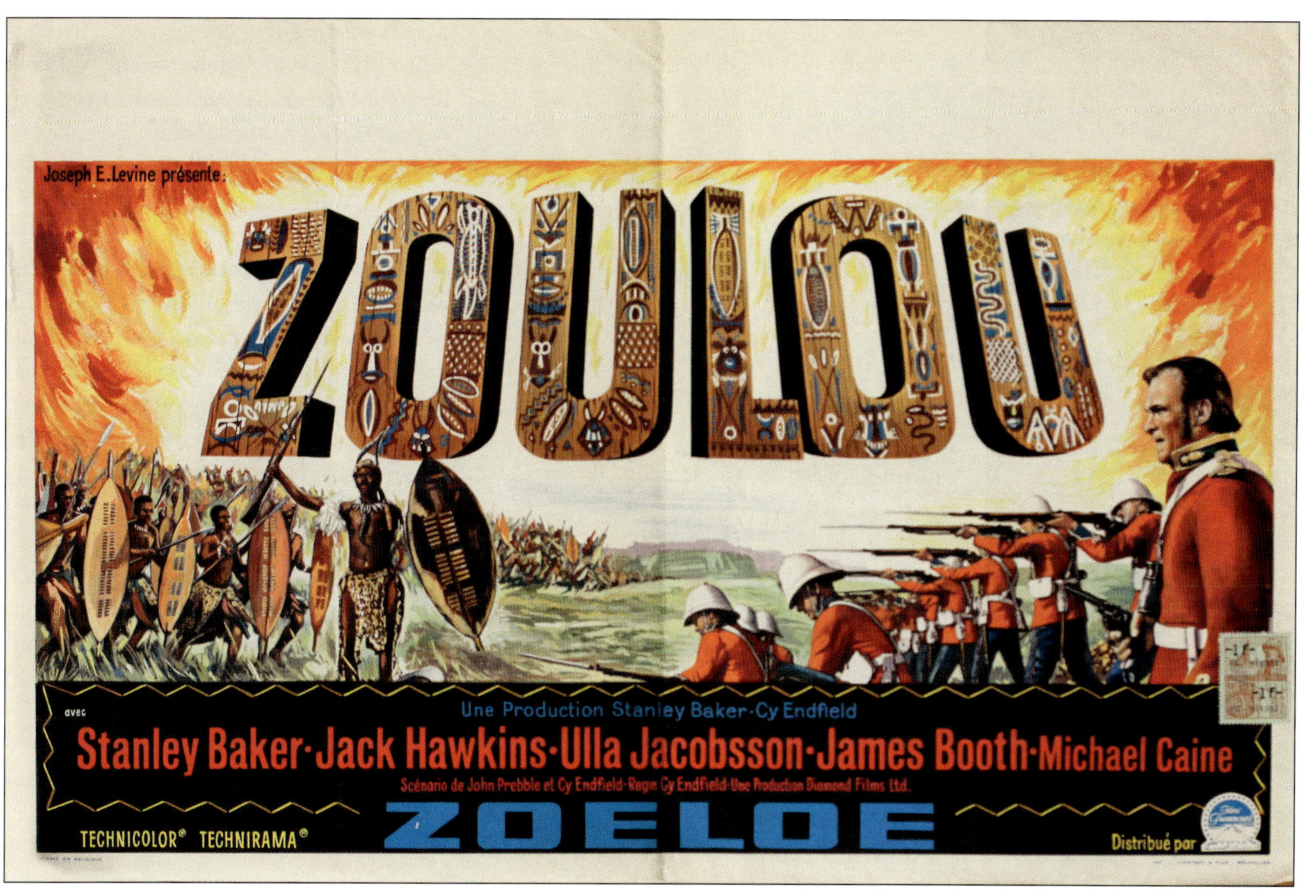

9

gegeven moment noodgedwongen hun toevlucht tot het lichtere genre. We zien deze strategie zowel bij Luxor (in de jaren vijftig) als bij Monty, Forum en Rex[37] (eind jaren zestig). Enkel de zalen met een uitgesproken katholieke stempel, i.c. Lovanium en Vita, ontspringen de dans. Vaak worden deze films wel aangekondigd via de lokale pers, maar worden er geen affiches publiek aangeplakt. Aan de portalen van de zalen zelf wordt het programma uiteraard wel met het nodige beeldmateriaal, affiches en foto's, aan de man gebracht. De affiches die we in de collectie van het SAL terugvinden zijn dus slechts het topje van de ijsberg. Een mooi voorbeeld is evenwel de affiche voor het West-Duitse zedendrama *Terwijl ouders slapen* (*Und sowas nennt sich Leben,* Géza von Radványi, 1961) (ill. 10). De film, die het verhaal vertelt van een meisje dat er een relatie met de vader van haar liefje op nahoudt, wordt in augustus 1962 in Monty gedraaid. De affiche illustreert een typisch fenomeen, namelijk dat vooral de marke-ting inzet op het zogenaamd 'pikante' karakter van een film, waarna de kijker wellicht moet vaststellen

37 Nijs 2011.

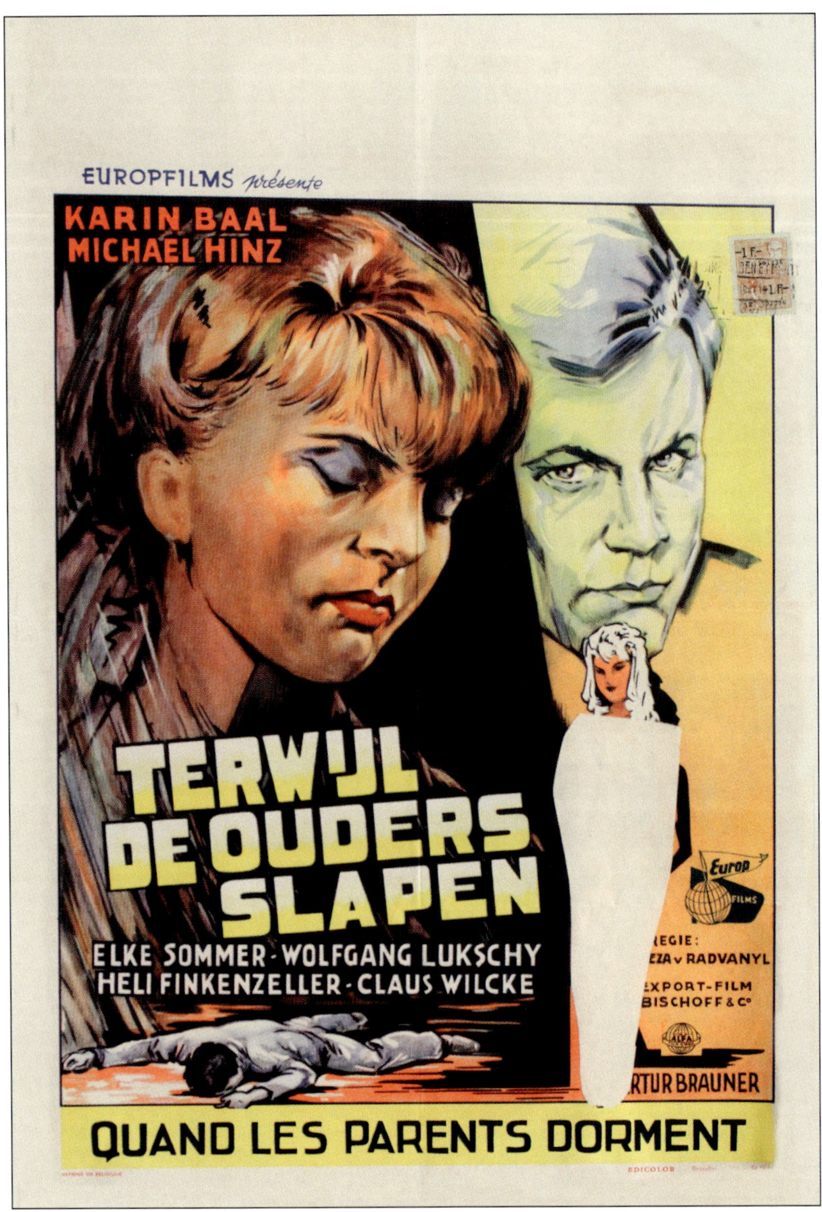

10

dat de inhoud de geïmpliceerde beloftes niet altijd inlost. Op de affiche, die wat betreft de illustraties vrijwel identiek is aan de originele Duitse affiche, is een vrouwenfiguur op de voorgrond met een wit strookje overplakt. Op deze manier wordt duidelijk de suggestie gewekt dat het om een naakte jongedame gaat. Een blik op de originele Duitse affiche leert echter dat het meisje in kwestie in een witte bikiniset gehuld is.[38] Zowel de Belgische distributeur (die de Duitse titel creatief vertaalde) als bioscoop Monty (die wellicht de figuur overplakte) doen dus wat de marketing betreft een duit in het zakje. De crisis liet zich mogelijk niet enkel bij de bioscoopeigenaars voelen, ook sommige distributeurs stond het water aan de lippen.

Midden jaren zeventig wordt het eindspel van de Leuvense buurtbioscopen definitief ingeluid. In 1975 sluiten Monty en Vita als eerste de deuren. Daarna zijn achtereenvolgens Forum (1980), Eden (1980) en Lovanium (1981) aan de beurt. Voor Rex valt het doek ten slotte in 1986. De Studio Filmtheaters blijven als enige speler over. Nog datzelfde jaar opent Jos Rastelli drie nieuwe zalen en is de eerste multiplex in Leuven een feit.

38 www.filmportal.de

4. Van filmpaleis tot tweederangszaal: de bloei en neergang van bioscoop Forum

Joachim Nijs

Bijna zeven decennia bestrijkt het verhaal van bioscoop Forum, die oorspronkelijk Louvain Palace heette. Van 1914 tot 1980 bepaalde deze filmzaal niet alleen het straatbeeld van de Bondgenotenlaan maar ook het Leuvense bioscooplandschap. Meer nog: aan de hand van de opkomst van Louvain Palace en de bloei en neergang van Forum kunnen we een groot deel van die geschiedenis beschrijven.

1895-1914: Bioscoop Louvain Palace verrijst

In november 1895 vond de allereerste filmvoorstelling in de universiteitsstad plaats. Een beperkte kring van professoren, intellectuelen en gegoede burgers kon in het fysica-auditorium van de universiteit kennismaken met deze nieuwe uitvinding. Leuven was daarmee, na Brussel, de tweede Belgische stad waar de cinematograaf van de gebroeders Lumière zijn intrede deed. Toch werden filmvoorstellingen pas vanaf 1897 openbare gelegenheden. Eerst in de openlucht, daarna in zogenaamde barakkinema's tijdens kermissen of feesten.[1] In 1909 verschenen de eerste vaste filmzalen in Leuven. Het ging in eerste instantie om theaters waar filmvoorstellingen werden ingepland naast andere vormen van vermaak. Cinema was meteen een *booming business* in de Dijlestad. Zo waren er in 1913 al acht zalen actief binnen de stadsring.[2]

Nog voor de oorlog zou daar een negende bij komen. Een groep investeerders vatte het plan op om in de toenmalige Stationsstraat een splinternieuwe filmzaal te bouwen. Met dat doel richtten ze de nv *Louvain Palace* op. Het ging voornamelijk om gegoede Leuvenaars, aangevuld

1 Convents 1978, pp. 54-80.
2 Thirion 1988, p. 57.

met twee investeerders uit Gent en Brussel.[3] Ze hadden hun locatie zorgvuldig gekozen. De Stationsstraat was immers een drukke straat die in de loop van de negentiende eeuw was aangelegd om het treinstation met het historische centrum te verbinden. Ze had een overwegend burgerlijk karakter, en telde naast heel wat woonhuizen ook een aantal luxehandelszaken en horecagelegenheden.[4]

In het voorjaar van 1914 verrees zo, vlak bij de hoek met de Jan Stasstraat, bioscoop Louvain Palace. Die was opgevat als grote spektakelzaal voor film en variété. Met meer dan 1.000 plaatsen was het de grootste zaal in zijn soort in Leuven, na de grote en chique bioscoop Alhambra (geopend in 1909) in de Vital Decosterstraat.[5] Aan de straatkant lagen de toegang tot de bioscoop en een taverne en elders in het gebouw was er ook een bowlingbaan. Links achterin bevond zich de grote zaal, die aanvankelijk was voorzien van een drankgelegenheid. Toeschouwers konden plaatsnemen op de parterre of op het U-vormige balkon.[6] De lokale pers was overigens lovend over de inrichting: het lokale *Journal des Petites Affiches* prees het 'féerique décor' waar 'tout (...) respire la joie et le bonheur de vivre'.[7] De keuze voor de naam Louvain Palace was dus zeker toepasselijk. De gevel had links een kenmerkend torentje dat de ingang tot de zaal huisvestte, rechts daarvan bevond zich de toegang tot de taverne.

De bioscoopervaring was in die beginjaren uiteraard niet wat ze vandaag is. Een avondje cinema bestond uit twee of drie films, die elk ongeveer 20 minuten lang waren. De pauzes tussen die films werden opgevuld met orkest- of pianomuziek. Terugkerende elementen waren (veelal Franse) actualiteitsfilms en detective-, cowboy- en komische films. Bovendien gingen filmvertoningen en cafébezoek hand in hand. In de meeste zalen was de consumptie van drank tijdens de voorstelling verplicht, ook in Louvain Palace. Roken werd nog voor 1914 verboden, onder meer omwille van de uiterst ontvlambare nitraatfilm die men toen gebruikte. Filmvoorstellingen begonnen pas rond 20u, alleen op zondag ging men al om 14u van start met een doorlopend programma. Tijdens die doorlopende voorstellingen mochten de klanten naar believen binnen en buiten lopen, een praktijk die tot in de jaren zeventig standhield.

3 Het ging om de renteniers Victor Vanden Plas en Alphonse Moedbeck, de 'aannemer in cinematografie' Henri Gerbosch, de industriëlen Eugène Nijs, Constant Nijs, de handelaar Victor Renard, de verzekeringsinspecteur Adrien Carton, de handelsvertegenwoordigers Oscar Van Winckel en Alphonse Sody, de eigenaar Joseph Sody en de bakker Etienne Costermans. Verder de Gentse industrieel Jules Van de Kerckhove en de Brusselse handelaar Jean Steppé. Nys 2011, pp. 60-62.

4 Vlaams Instituut voor het Onroerend Erfgoed: http://inventaris.vioe.be/dibe/geheel/9530.

5 Thirion 1988, p. 193.

6 SAL, Bouwvergunning Forum.

7 Convents 1982.

1914-1918: Een moeilijke heropstart

Begin 1914 vermoedde niemand in Leuven wat de stad die zomer te wachten stond, ook niet de uitbaters van Louvain Palace. De filmzaal opende maar enkele weken voor het begin van de Eerste Wereldoorlog de deuren. Eind augustus stak het oprukkende Duitse leger grote delen van de binnenstad in brand. Het vuur legde maar liefst 85% van de huizen langs de Stationsstraat in de as. Van de negen vooroorlogse filmzalen in de binnenstad gingen er vier in de vlammen op.[8] Louvain Palace bleef echter als bij wonder gespaard, maar moest – net als alle andere nog bestaande Leuvense bioscopen – de deuren sluiten. Pas vanaf 1915 mocht een eerste filmzaal, Alhambra, opnieuw met vertoningen beginnen. In de loop van 1916 kon ook Louvain Palace de deuren heropenen, en kon de uitbating definitief van start gaan.[9]

8 Werden vernield: Casino (aan de Volksplaats 30 / Nu Ladeuzeplein); Cinema Royal (Bogaardenstraat 103); Théâtre du Nord (later Eden Théâtre) aan het Martelarenplein; Cinema Patria (Bogaardenstraat 70-72).

9 Convents 1978, pp. 183-205.

1918-1940: Forum als toplocatie voor vermaak in Leuven

In de beginjaren was de succesvolle zaal overigens veel meer dan alleen een bioscoop. Hij vervulde een belangrijke functie in het Leuvense sociale leven, des te meer omdat de verwoeste stadsschouwburg pas in 1938 opnieuw de deuren zou openen. Er vonden concerten, dansavonden, musichallvoorstellingen, bokswedstrijden en benefietacties plaats. Zelfs na de opkomst van de geluidsfilm eind jaren twintig bleven optredens van het orkest nog een hele tijd populair.[10]

De oorspronkelijke naamloze vennootschap *Louvain Palace* legde naar alle waarschijnlijkheid in 1926 de boeken neer. Daarna kende de bioscoop aan de Bondgenotenlaan een aantal jaren wisselende eigenaars en – daarmee samenhangend – een onstabiele uitbating. Desondanks was het toch bioscoop Louvain Palace die in 1929 in Leuven de allereerste geluidsfilm vertoonde, de (vermoedelijk later gesonoriseerde) Oostenrijkse prent *Orlacs Hände* uit 1924. In 1932 kwam de bioscoop in handen van de coöperatieve vennootschap *Cinétave*, onder leiding van Joseph Lambelé uit Mortsel. Die was op dat moment al eigenaar van de eerder vermelde zaal Alhambra. Onder zijn leiding ging Louvain Palace een nieuwe bloeiperiode in en kreeg hij vanaf 1933 een nieuwe naam: Forum. In de loop van 1937 belandde Forum uiteindelijk in handen van de nv *Comptoir belge de Cinématographie* of *Cobec*. Dat bedrijf zou na de overnames van A.B.C. (de vroegere Alhambra) en Casino (geopend in 1909) in de Diestsestraat de volgende twee decennia de belangrijkste speler op de Leuvense bioscoopmarkt worden.[11]

Onder impuls van *Cinétave* had de zaal in het begin van de jaren dertig een grondige opknapbeurt gekregen. In 1932 had men het pand links van het eerder vermelde torentje opgekocht en afgebroken om er een nieuwe en bredere toegang tot de zaal te bouwen. De gevel van de nieuwbouw werd opgetrokken in dezelfde stijl als de rechtervleugel. Niet alleen de buitenkant werd aangepakt, ook de zaal zelf onderging wijzigingen. Het aantal zitplaatsen nam toe tot meer dan 1.500, waarvan 1.090 op het gelijkvloers en 424 op het balkon.[12] Vermoedelijk moest de bar in de bioscoopzaal plaats ruimen voor extra stoelen. De vernieuwde Forum stond in Leuven en omgeving bekend om zijn luxe. De lokale krant *Moniteur des Notaires* noemde hem in 1935 'de mooiste en comfortabelste van alle zalen in de stad'. Het *Journal des Petites Affiches* prees dan weer de 'meest geperfectioneerde apparatuur in de streek'. De standing van de bioscoop uitte zich dus ook in de programmatie. Op 5 maart 1937 kon het Leuvense publiek in de recent vernieuwde bioscoop Forum kennis maken met *Mr. Deeds Goes To Town* (Frank Capra, 1936) (ill. 1), en in de week van 21 mei was het de beurt aan *My Man Godfrey* (Gregory La Cava, 1936) (ill. 2).

Mr. Deeds Goes To Town en *My Man Godfrey* zijn allebei klassieke screwballkomedies. In *Mr. Deeds Goes To Town* maakt de kijker kennis met de capriolen van de eenvoudige maar excentrieke Longfellow Deeds (Gary Cooper) die vanuit het landelijke Vermont naar New York trekt om er een pas verworven fortuin in ontvangst te gaan nemen. Tijdens zijn verblijf in New York leert hij niet alleen de als arme arbeidster vermomde journaliste Louise Bennett (Jean Arthur) kennen, hij spendeert ook een groot deel van zijn fortuin aan het helpen van duizenden daklozen. *My Man Godfrey* vertelt het verhaal van de zwerver Godfrey (William Powell), die door rijkeluisdochter Irene Bullock (Carole Lombard) als butler in huis wordt gehaald na een weddenschap. Na allerlei avonturen verdient de voormalige clochard een pak geld waarmee hij z'n oude, dakloze

10 Thirion 1988, pp. 110-112.

11 Nys 2011, pp. 60-97.

12 Ter vergelijking: de grootste zaal in Kinepolis Leuven telt anno 2012 ongeveer 450 plaatsen.

UNE PRODUCTION
FRANK CAPRA
GARY
COOPER
DANS
L'extravagant Mr. Deeds
Mr. DEEDS GOES TO TOWN
OSSO
AVEC
JEAN ARTHUR
GEORGE BRANCROFT- LIONEL STANDER
DOUGLASS DUMBRILLE
H.B.WARNER
COLODIS S.A.
CONCESSIONNAIRES EXCLUSIFS
COLUMBIA PICTURES

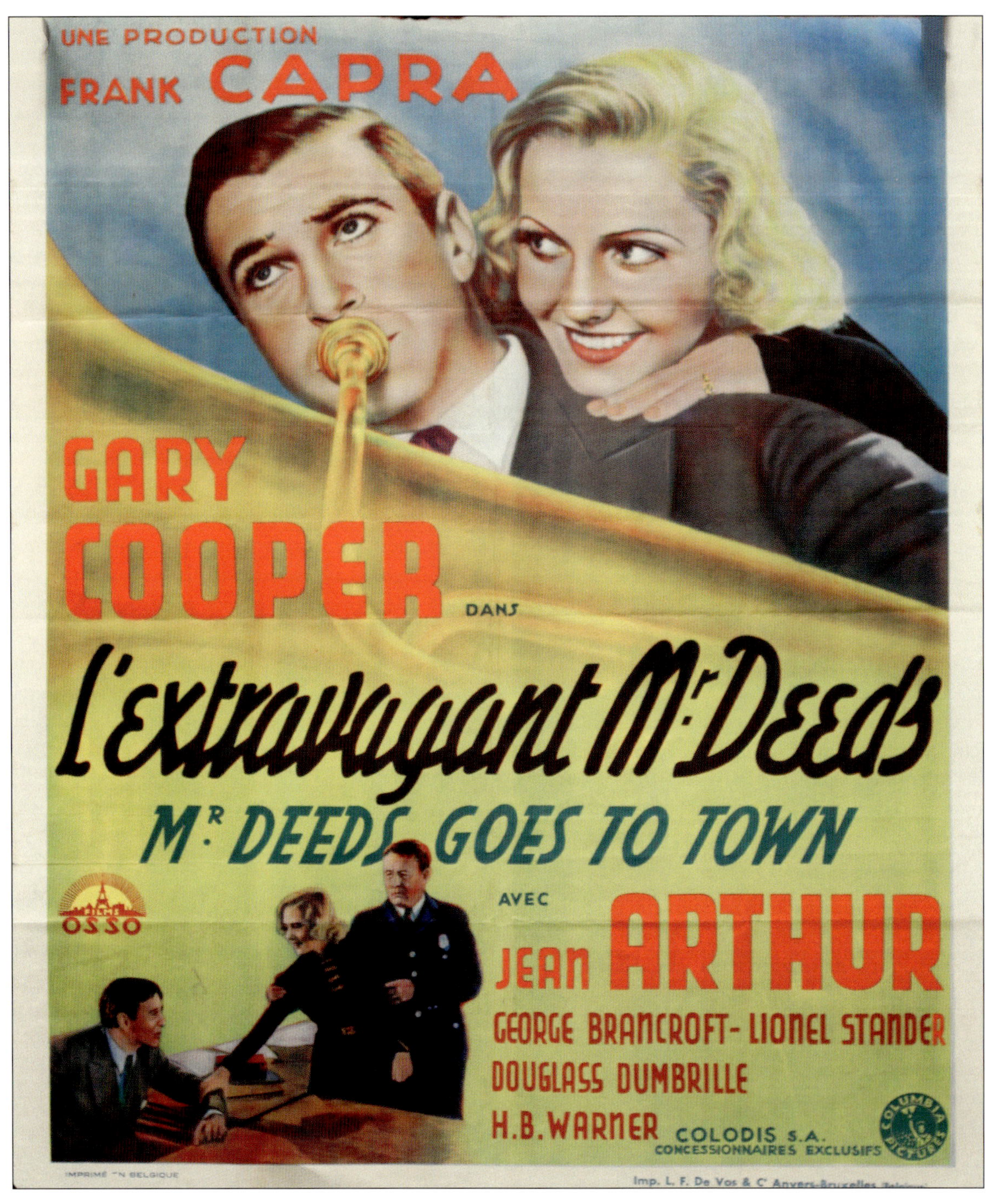

1

FORUM
Semaine du 21 au 27 mai 1937
Week van 21 tot 27 Mei 1937
Soirée à 8 heures.
DIMANCHE, séance permanente de 2 à 7 3/4 h.
Avondvertooning te 8 uur.
ZONDAG, doorloopende vertooning van 2 tot 7 3/4 u.
Enfants non admis
Kinderen niet toegelaten
William Carole
POWELL · LOMBARD
DANS
UNE PRODUCTION
CHAS. R. ROGERS
mise en scène de
GREGORY LA CAVA
Mon Homme
Godfrey
AVEC
ALICE GAIL JEAN
BRADY · PATRICK · DIXON
EUGENE PALLETTE · ALAN MOWBRAY
UN FILM
UNIVERSAL

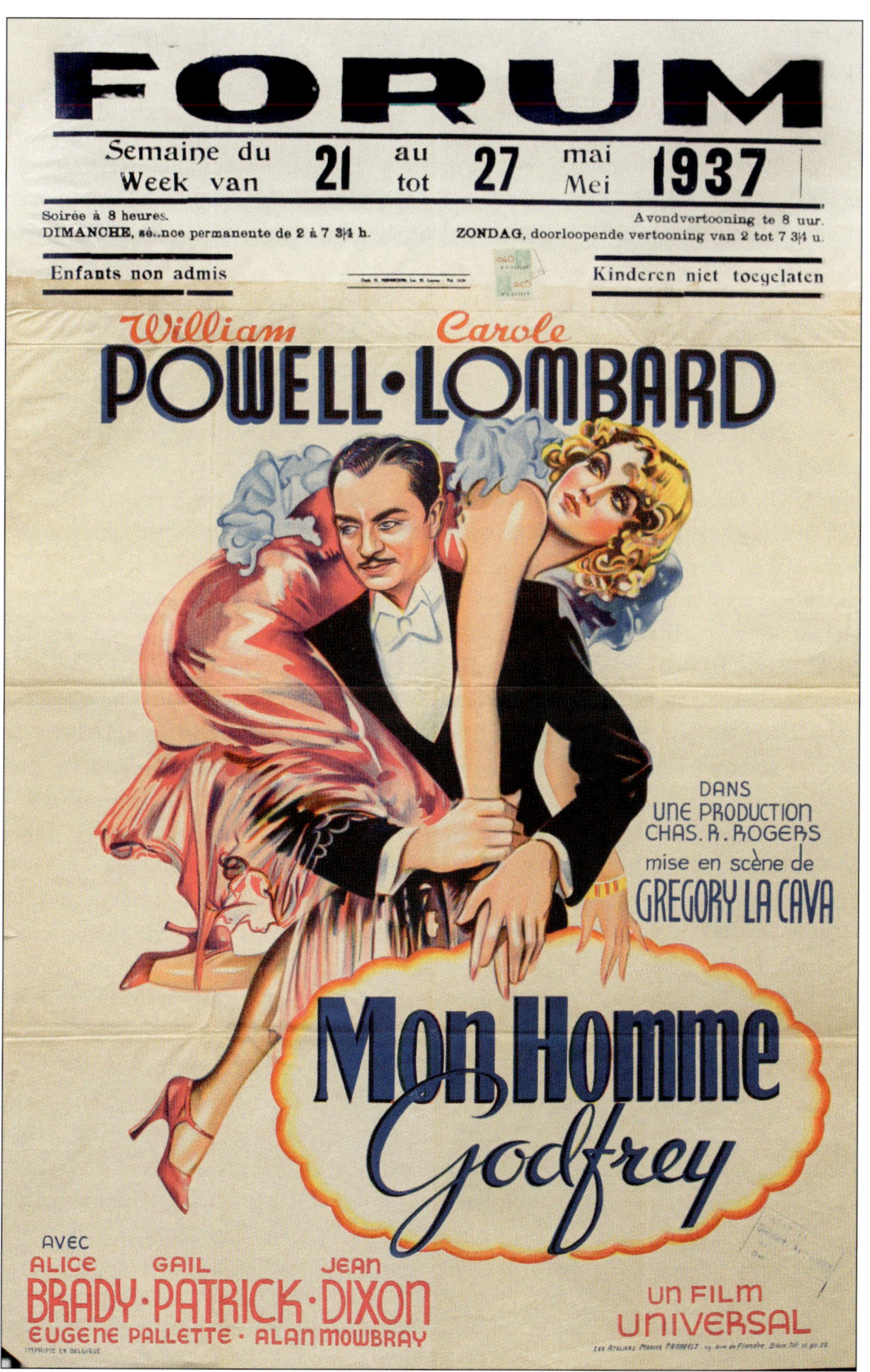

2

vrienden kan helpen.[13] Deze twee films zijn typerend voor andere, populaire screwballkomedies uit die tijd, die gebruik maakten van een mix van lichtvoetige, soms flitsende situatiehumor, allusies op de klassenstrijd en romantische elementen. De makers van dit soort films boden zo aan de toeschouwer de mogelijkheid om de grimmige realiteit van de depressie van de jaren dertig te ontvluchten. Zowel *My Man Godfrey* als *Mister Deeds Goes To Town* waren na hun release in de Verenigde Staten al grote hits geworden, nog voordat ze de oversteek maakten naar Europa.[14]

Andere topfilms die in deze periode in Forum op de affiche stonden waren onder meer *Mutiny On The Bounty* (Frank Lloyd, 1935) met Clark Gable en de musical *San Francisco* (Woody Van Dyke, 1936), de film met de hoogste recette in de VS in 1936.[15] De affiches van al deze producties werden verspreid over de hele stad aangeplakt op verschillende, vaste plaatsen. Vaak koos men voor blinde gevels in drukke straten om het effect ervan te maximaliseren.

Al deze films maakten in Forum deel uit van een uitgebreid programma dat meestal begon met het *Eclair-Journal*, gevolgd door de hoofdfilm in combinatie met één of meerdere (vaak kortere) prenten. In tegenstelling tot vandaag werden vrijwel alle films in de jaren dertig maar een week lang vertoond. Alleen bij uitzonderlijk succes werden films verlengd of keerden ze later voor enkele dagen terug. Nog geen drie jaar na de doortocht van Longfellow Deeds en Godfrey Smith in bioscoop Forum zouden de Hollywoodsterren abrupt van het scherm verdwijnen.

13 De korte inhoud van deze en van de volgende films is – tenzij anders vermeld – gebaseerd op www.imdb.com. Informatie over de programmatie van Forum komt uit de affichecollectie van het Stadsarchief Leuven, het *Journal des Petites Affiches* en uit *Passe-Partout*.

14 McBride 1992, p. 348.

15 Reid 2004.

1940-1944: Een radertje in de Duitse propagandamachine

Tijdens de Tweede Wereldoorlog waren het grotendeels Duitse, Italiaanse en Franse acteurs die in onze bioscopen het mooie weer maakten. De bezetter gebruikte de zevende kunst om het volk op te voeden en om de nazi-ideologie te verspreiden. In augustus 1940 kondigden de Duitsers in hun *Verordnungsblatt* dan ook een aantal maatregelen af voor de bioscoopsector. Bioscopen die verder actief wensten te blijven moesten een aanvraag indienen bij het militaire bestuur in België, dat ook bepaalde welke films er voortaan vertoond mochten worden. Bovendien verplichtte men de uitbaters om de Duitse *Wochenschau* en een *Kulturfilm* te draaien vóór de hoofdfilm.[16]

In Leuven vroegen initieel *Cobec* en de uitbater van zaal Eden aan het Martelarenplein een vergunning aan. Later volgde ook Ciné City (geopend in 1924, later Monty) in de Diestsestraat. Andere zalen, zoals de katholieke cinema Lovanium (geopend in 1930), sloten tijdens de bezetting hun deuren. Tot slot voerde men nog enkele belangrijke organisatorische wijzigingen door. Voortaan begonnen de doorlopende vertoningen in Forum zowat elke dag om 15u, wat tot dan toe alleen op zondag het geval was. Deze praktijk, die betekende dat er meerdere voorstellingen per dag plaatsvonden, zou ook na de oorlog blijven bestaan.[17]

Ich klage an (1941) van regisseur Wolfgang Liebeneiner past perfect in het propagandaplaatje van de nazi's (ill. 3). Dit is niet zomaar een film over een man die zijn terminaal zieke echtgenote helpt om te sterven op haar vraag, waarna hij voor de rechtbank moet verschijnen. Met *Ich klage an* wilde men het thema euthanasie bespreekbaar maken, en probeerde men steun kweken voor het programma

16 Van Engeland 1988, p. 16.

17 Nijs 2011, p. 28.

FORUM
LEUVEN
LOUVAIN
VAN 8 TOT 14 MEI 1942
HEIDEMARIE
HATHEYER
IK
BESCHULDIG
« UN AMOUR INFINI »
« Hier sta ik, Karl Thomas Heyt, en beken, dat ik mijne vrouw, die ongeneesbaar ziek was, op haar verzoek uit het leven verlost heb. Hier sta ik, de beschuldigde, en : ik beschuldig ! »
KINDEREN NIET TOEGELATEN
Bijna :
Mam'zelle
Bonaparte
DOORLOOPEND
Vrijdag van af 5 u.
Zondag en Donderdag (Hemel-vaartsdag) doorloopend vanaf 1 u.
Andere dagen vanaf 3 u.
Laatste vertooning rond 8 u.15

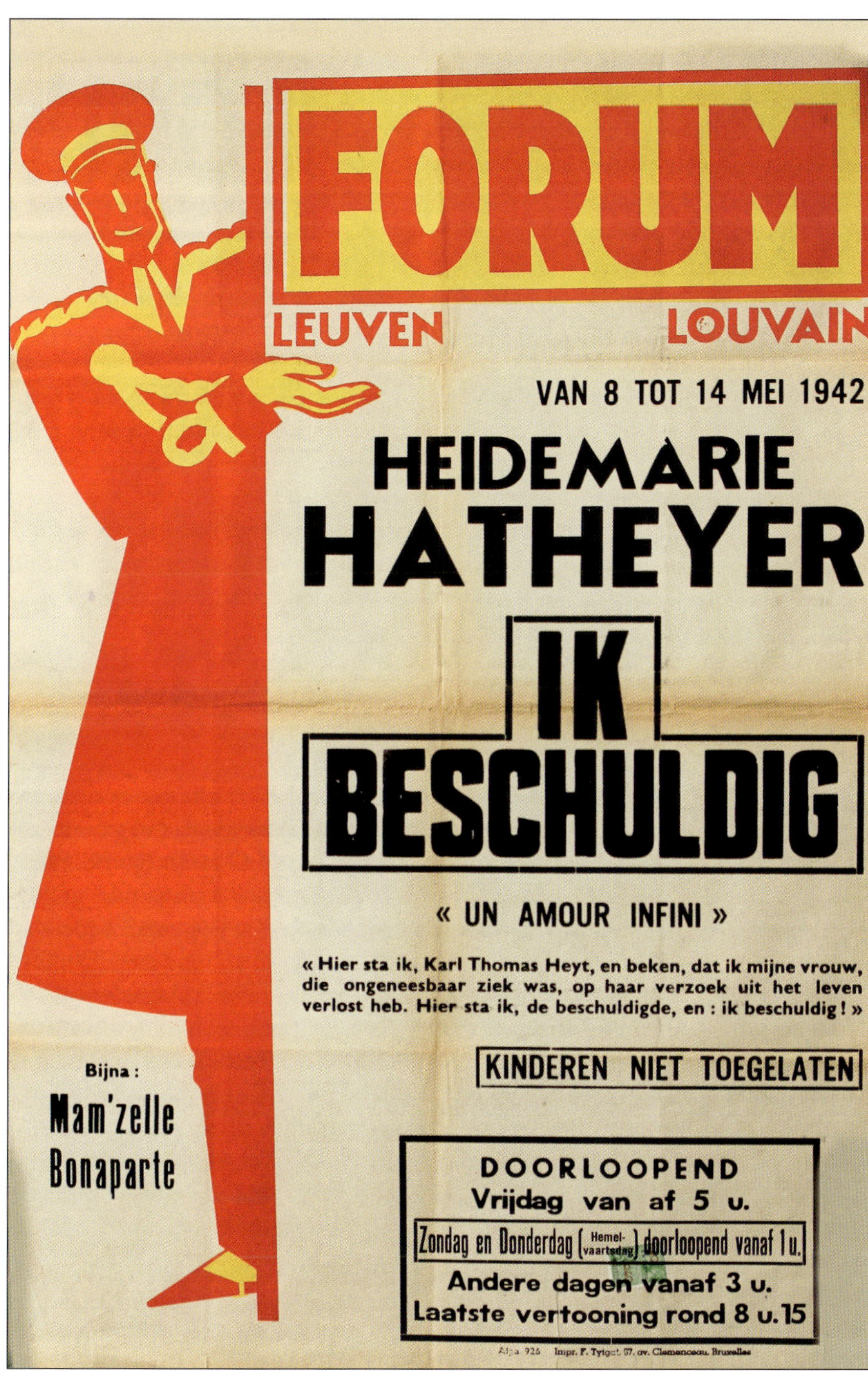

3

Aktion T4. Met dat programma van actieve levensbeëindiging poogde men het Duitse ras zuiver houden door zich te ontdoen van mensen die ongeneeslijk ziek waren verklaard, zoals geesteszieken en mensen met een functiebeperking.[18] In de film stelt Liebeneiner het voor alsof deze vorm van euthanasie alleen wordt uitgevoerd met toestemming van de patiënt, wat in de realiteit niet zo was. *Ich klage an* kwam er na een suggestie van Karl Brandt, de grondlegger van *Aktion T4*, aan propagandaminister Joseph Goebbels. Die zou aan de Tobis-studio persoonlijk de opdracht hebben gegeven om de film te draaien.[19] Na de oorlog bleek dat in het kader van *Aktion T4* meer dan 200.000 mensen om het leven waren gekomen.

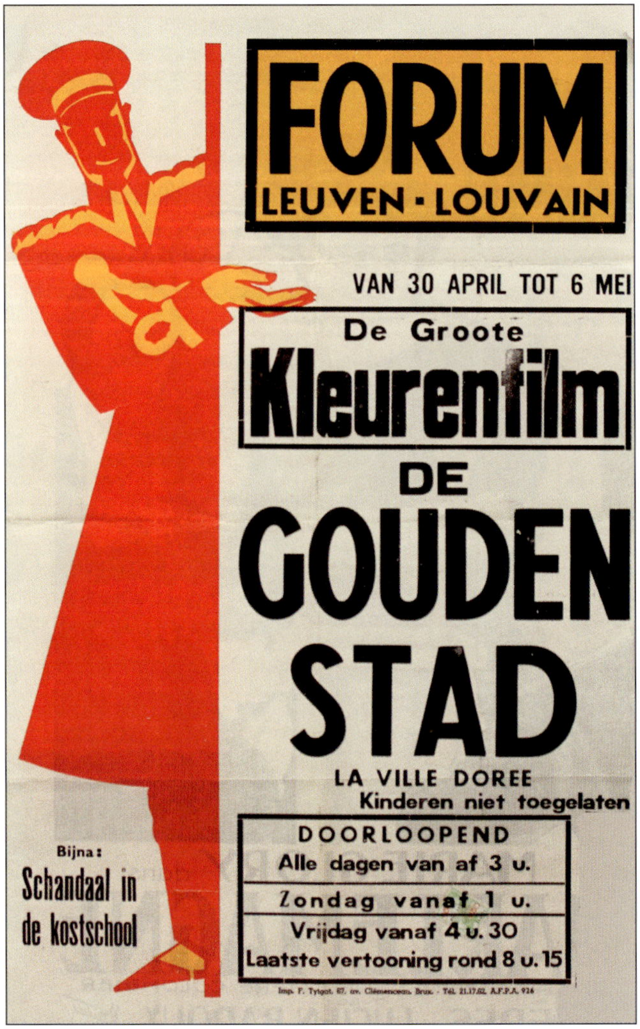

De affiche van *Ich klage an* is, net als een hele reeks uit de oorlogsjaren, heel wat soberder dan de kleurige en luxueuze affiches van het einde van de jaren dertig. Forum gebruikte tijdens de bezetting een rood-geel sjabloon, dat naar believen kon worden aangevuld met verschillende filmtitels en vertoningsgegevens. Men noemt dit passepartoutaffiches of invulaffiches. Het gebruik van dergelijke tekstaffiches was vaak geen keuze maar een noodzaak omwille van de hoge kosten verbonden aan materiaal in vierkleurendruk. Bovendien heerste er ook papierschaarste, wat merkbaar is aan het hergebruik van oud papier voor het drukken van filmaffiches. Op de achterkant staan vaak oude stafkaarten, verordeningen of oude posters.[20]

4

18 http://www.zukunft-braucht-erinnerung.de/holocaust/qeuthanasieq/240.html.

19 Lifton 1986, pp. 48-49.

20 Buyens 2010, p. 55.

Op 30 april 1943 ging *Die goldene Stadt* in première in bioscoop Forum (ill. 4). Deze film is op het eerste gezicht een onschuldig drama over Anna Jobst (Kristina Söderbaum), een Duits meisje uit Bohemen dat tegen de wens van haar vader (Eugen Klöpfer) in naar de gouden grootstad Praag trekt. Daar wordt ze zwanger van de louche Tsjech Toni (Kurt Meisel), die via het meisje de boerderij van haar vader in handen hoopt te krijgen. Als blijkt dat de zwangere Anna wordt onterfd, verlaat Toni haar en keert ze terug naar het platteland. Daar laat ook haar vader haar vallen, wat Anna ertoe brengt om een einde te maken aan haar leven. *Die goldene Stadt*, één van de eerste Duitse kleurenfilms, was een enorm kassucces in nazi-Duitsland en bezet Europa. Maar liefst 31 miljoen Duitsers en 1,7 miljoen Nederlanders zagen deze prent.[21] Het feit dat hij in Leuven meerdere keren op het programma verscheen, ook na de Tweede Wereldoorlog, geeft een idee van de populariteit van deze film. Zo gebruikte zaal Monty in 1957 de vierkleurenaffiche om de film aan te prijzen, terwijl bioscoop Forum het in 1943 bij een invulaffiche hield (ill. 5).

Onder het glamoureuze oppervlak bevat ook *Die goldene Stadt* echter een aantal propaganda-elementen. Zo schildert men de stadsbewoners af als verdorven, in contrast met de eerlijke en hardwerkende boeren op het platteland. Ook de Tsjechische afkomst van Toni wordt in een slecht daglicht geplaatst. Joseph Goebbels was overigens persoonlijk verantwoordelijk voor een deel van de inhoud van de film. Regisseur Harlan had oorspronkelijk een andere eindsequentie gedraaid waarin de hoofdrolspeelster in leven blijft, trouwt en de boerderij van haar vader erft. Toen de minister dit te zien kreeg, beval hij om het einde te vervangen door de zelfdoding van Anna. Haar personage mocht volgens Goebbels in geen geval een Tsjechische bastaardzoon ter wereld brengen, laat staan een kind dat verwekt was door buitenhuwelijkse seks.[22]

Of de eigenaars van *Cobec* uit ideologische overtuiging of om financiële redenen meewerkten aan de

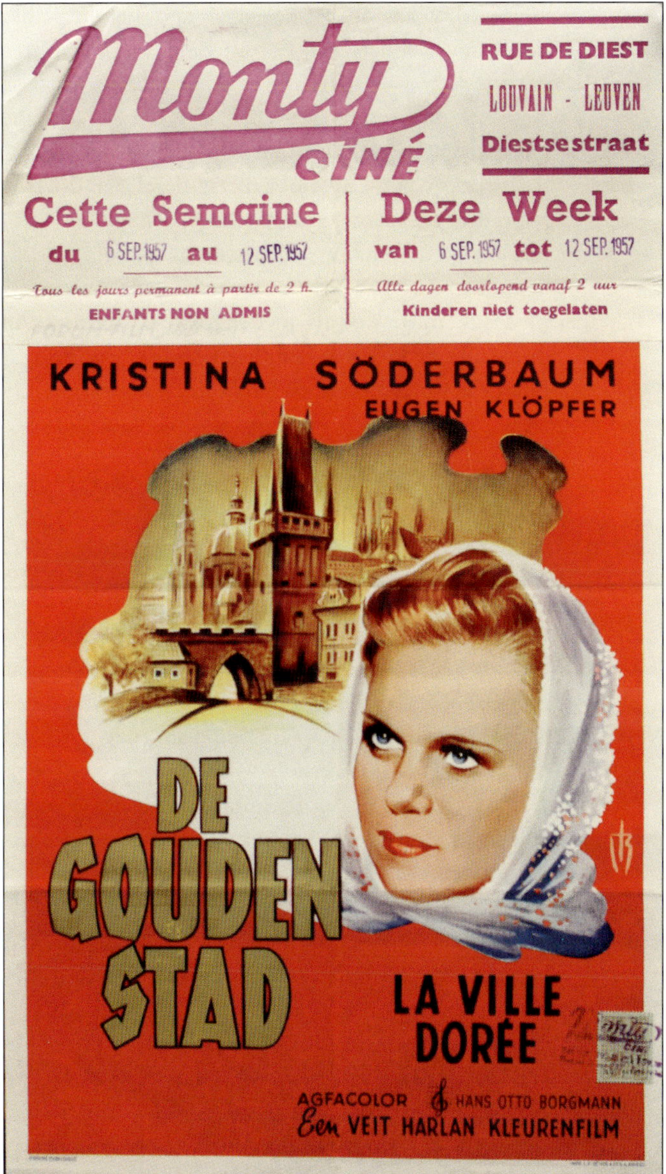

5

21 Bei der UFA machte man das so. (1951). *Der Spiegel*, 3, 20-23; SCHIWEK 2002.

22 http://www.zukunft-braucht-erinnerung.de/drittes-reich/propaganda/205.html.

verspreiding van Duitse propaganda is niet duidelijk. We weten wel dat er in Forum vanaf 1941 één keer per week een voorstelling plaatsvond die bedoeld was voor de bezettingstroepen. Zo liep Forum elke woensdagochtend om 10 uur vol met Duitse soldaten.[23] Dat maakte van de zaal een uitgelezen doelwit voor de geallieerde bombardementen op de stad. In 1944 legde een bom die bestemd was voor Forum de huizen aan de overkant van de Bondgenotenlaan in de as, maar net als in de Eerste Wereldoorlog ontsnapte de bioscoop aan het noodlot. Forum zou ook deze wereldbrand ongeschonden doorkomen.[24]

1945-1956: Van bloei naar neergang voor *Cobec* en Forum

147,6 miljoen bioscooptickets werden er in het absolute topjaar 1945 in ons land verkocht.[25] Forum profiteerde zeker van deze hausse, onder andere omdat zaal Eden, één van de grootste concurrenten, bij een bombardement in het voorjaar van 1944 volledig werd vernield. Toch kende de bioscoop in 1945 ook tegenslag. Begin november moesten alle *Cobec*-zalen de deuren sluiten. Dit was waarschijnlijk een repressiemaatregel omwille van de collaboratie die de eigenaars van *Cobec* tijdens de oorlog hadden gepleegd.[26] Toch bleef men mild: het bedrijf mocht blijven bestaan, en kon midden december al opnieuw met vertoningen van start gaan.[27]

Tijdens de eerste jaren na de oorlog bleef Forum een topzaal in Leuven en had *Cobec* maar één grote concurrent, bioscoop Lovanium van de christelijke arbeidersbeweging. Vanaf 1950 kwam er echter verandering in die situatie, met de opening van de vernieuwde Eden op het Martelarenplein. Die zaal, ontworpen door architect René Ajoux (bekend van bioscoop Mirano in Sint-Joost-ten-Node), telde oorspronkelijk 968 plaatsen en was uitgerust met de modernste technische snufjes.[28] Het duurde dan ook niet lang voordat Eden zich opnieuw bij de kopgroep voegde. 1952 was het laatste jaar waarin Forum de top vijf van de populairste films in Leuven overheerste. Vanaf het het midden van de jaren vijftig raakte de bioscoop steeds meer in verdrukking. *Cobec* had immers moeite om nog grote Amerikaanse titels binnen te halen. Die gingen vrijwel uitsluitend naar Eden en Lovanium. Het aandeel van Hollywood in de programmatie van Forum daalde van 75% in 1945 tot nauwelijks meer dan 30% in 1955.[29] Ter compensatie ging men steeds meer Franse films draaien. Bovendien was de infrastructuur van Eden en Lovanium een pak nieuwer dan die van de 40 jaar oude zaal van *Cobec*. Het verval was ingezet, maar Forum gaf zich niet gewonnen. In 1954 en 1956 vonden zelfs nog werken plaats om de zaal beter te wapenen in de concurrentiestrijd met de televisie én met andere bioscopen.[30] Ook het breedbeeldformaat CinemaScope en *surround* geluid maakten rond die tijd hun intrede.

1956-1980: Forum als tweede filiaal van Rex

In 1956 zag de splinternieuwe Cine Rex het daglicht, op enkele tientallen meters van Forum. De eigenaars, André Dijck en zijn stille vennoot H. Dewit waren nieuwkomers op de Leuvense bioscoopmarkt. Dijck bezat echter al heel wat expertise op het vlak van bioscoopuitbating. Hij was op dat moment immers (mede-)eigenaar van een veertiental cinemazalen elders in België. Zijn imperium was klein begonnen, met zaal Rio in Willebroek die hij van zijn vader had geërfd. Hij breidde echter snel uit, met onder meer Plaza, Rix en Centra in Deurne. In het midden van

23 Van Engeland 1988, p. 25.

24 Nys 2011, pp. 97-98.

25 Biltereyst & Meers 2007, p. 282.

26 Met Philippe De Becker als directeur tijdens de oorlogsjaren.

27 Van Engeland 1988, p. 32.

28 Nijs 2011, pp. 71-75.

29 Nys 2011, pp. 111-116.

30 Van Engeland 1988, p. 6. 84.

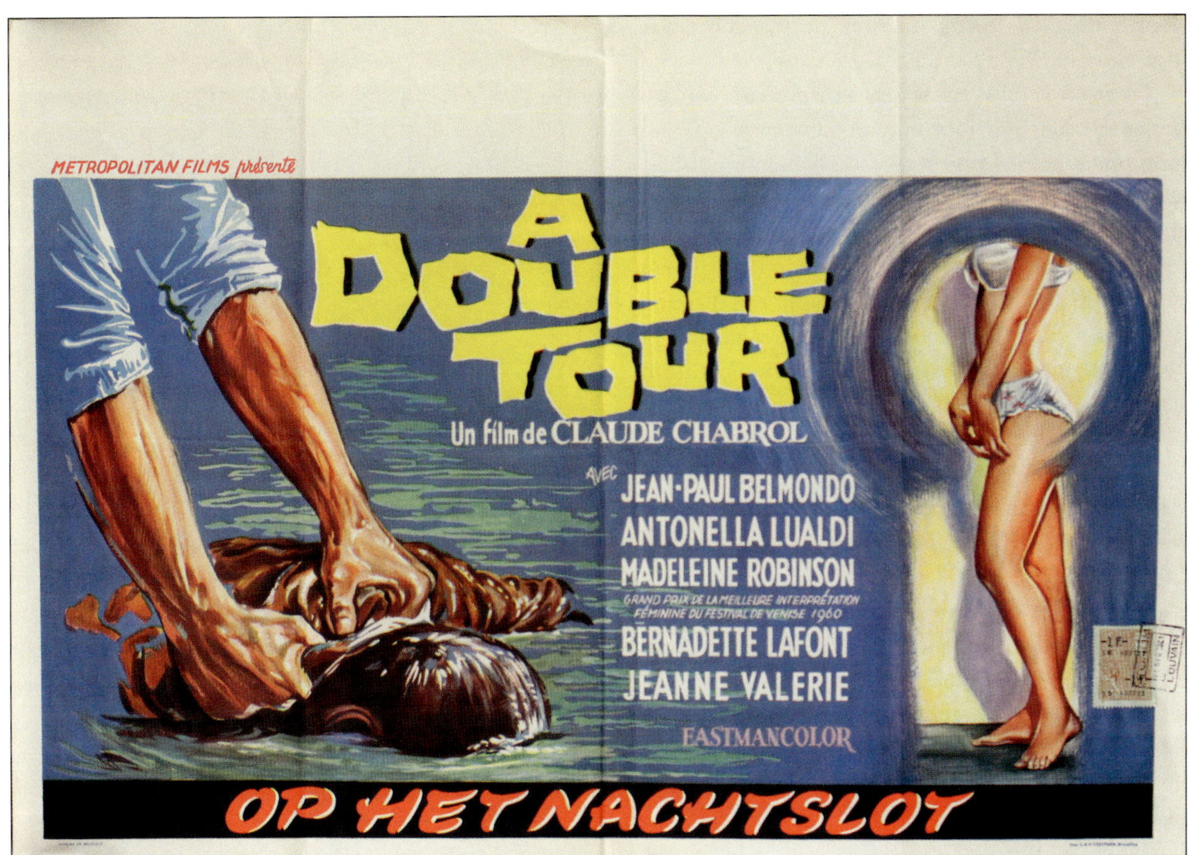

6

de jaren vijftig was Leuven aan de beurt. Het stopte niet bij Rex: volgens sommige bronnen huurden Dijck en Dewit van bij het begin ook al bioscoop Forum van *Cobec*. Uiteindelijk verkocht het bedrijf zijn oude topzaal in 1961 aan de eigenaars van Rex.[31] Na die verkoop en na de sluiting van de zalen Casino (1955) en A.B.C. (1962) verdween *Cobec* in alle stilte van het Leuvense bioscooptoneel.

In 1961 programmeerde Forum *À double tour* (1959) van de Franse nouvelle vagueregisseur Claude Chabrol (ill. 6). Salavetz, Drate en Sarowitz wijzen er in hun standaardwerk *Art of the Modern Movie Poster* op dat de Franse filmaffiche in de jaren vijftig, net zoals de Franse filmproductie, bipolair werd: aan de ene zijde de klassieke levendige affiches van de populaire film en aan de andere zijde de sobere en eenvoudige ontwerpen van de auteursfilms.[32] Deze thriller van Claude Chabrol draait rond de moord op de maitresse van een rijke Franse bourgeois. De hele familie verdenkt de melkboer van de moord, maar de vriend (Jean-Paul

31 Nijs 2011 p. 37.
32 Salavetz, Drate, Sarowitz, & Kehr 2008, p. 178.

Belmondo) van diens dochter houdt er andere ideeën op na.

Hoewel deze vertoning van À *double tour* pas in 1961 plaatsvond, is de film toch kenmerkend voor de programmatie gericht op een volwassen publiek, en voor het Franse overwicht in bioscoop Forum sinds het einde van de jaren vijftig. Franse en Frans-Italiaanse coproducties maakten er op dat moment bijna de helft uit van de vertoonde films.[33] Daarbij zaten niet alleen films als À *double tour* maar ook commerciële prenten met acteurs als Bourvil, Jean Gabin en Louis de Funès. Dankzij de aanwezigheid van onder meer de Franstalige studenten bleven films van bij onze zuiderburen het vrij goed doen in Leuven. Met de films die in Forum op de affiche stonden, speelde Dijck ongetwijfeld op dit publiek in, ook al hield hij de absolute kaskrakers in die tijd (zoals *Les Grandes Vacances* van Jean Girault uit 1964) voor zijn modernere Cine Rex. Ondanks deze Franse invasie zouden de Hollywoodsterren in de daaropvolgende jaren toch nog terugkeren naar Forum.

Dr. No (Terence Young, 1965) met Sean Connery en Ursula Andress is een mooi voorbeeld van hoe Dijck zijn beide bioscopen op elkaar liet inspelen (ill. 7). De films met de Britse superspion zorgden in de jaren zestig gegarandeerd voor hoge recettes. Dijck bezat in Leuven exclusieve rechten op de premières van alle Bondfilms. Bovendien nemen we aan dat hij later ook kopijen van deze prenten in zijn bezit had, die hij naar wens kon hernemen in één van zijn zalen.[34] Vermits toeschouwers op geen enkele andere manier oudere films opnieuw konden bekijken, hadden deze herhalingen nog een behoorlijk succes. Kijkers die na de release van *Goldfinger* (Guy Hamilton, 1964) in Rex in oktober 1965 (ill. 8) op hun honger bleven zitten, konden in november in Forum terecht voor *Dr. No*, en nog later dat jaar opnieuw in Rex voor een herneming van *From Russia With Love* (Terence Young, 1963). Zo probeerde Dijck de winst uit de hype rond *Goldfinger* te maximaliseren.[35]

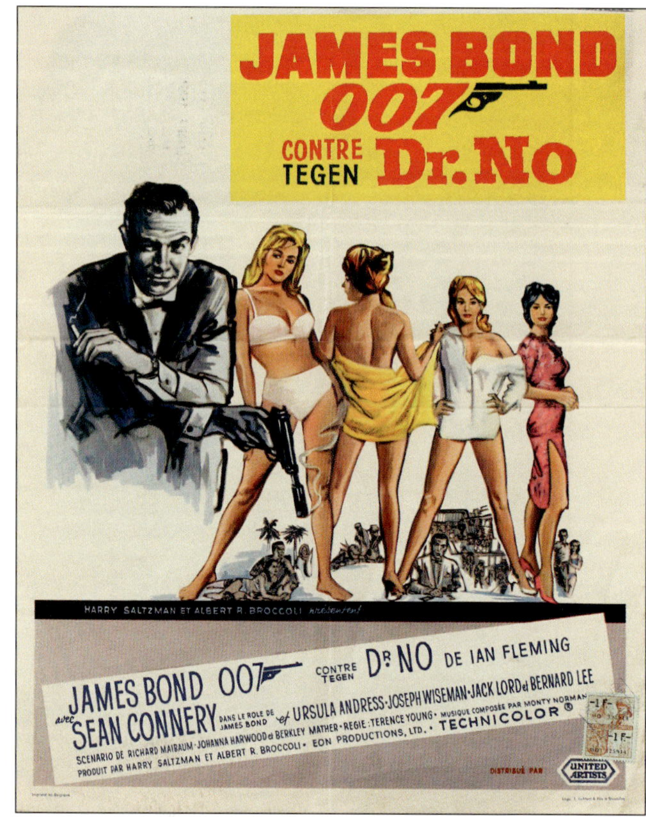

7

Forum werd vanaf de jaren zestig geleidelijk aan een zogenaamde *second run*-bioscoop. Dat betekende dat grote kassuccessen eerst één of meerdere weken lang in Rex gedraaid werden, waarna ze plaats ruimden voor nieuwe films en verhuisden naar Forum. Daar konden late beslissers alsnog gaan kijken naar een film die al enkele weken volle zalen had getrokken. Tot slot vertoonde Dijck de meeste prenten in Forum nog maar drie of vier dagen, terwijl tot dan toe een week gangbaar was. Een deel van deze films trok

33 Nijs 2011, p. 60.

34 Nijs 2011, p. 67; Persoonlijke mededeling José Maes, voormalig caissière van Rex Leuven, 27.04.2011 (http://soundcloud.com/joachimn/interview-jose).

35 Nijs 2011, pp. 63-65.

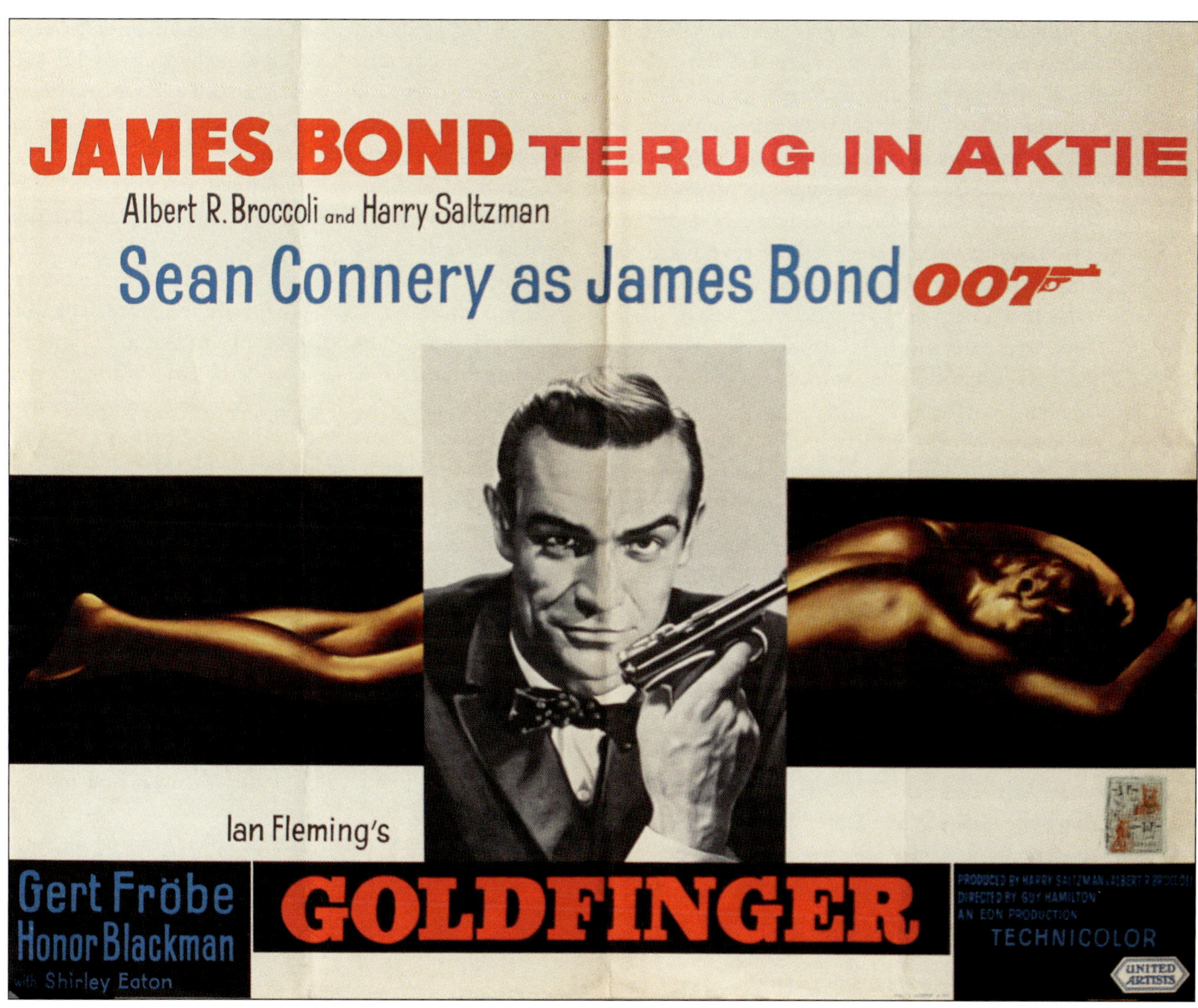

8

gewoonweg onvoldoende publiek om een speelduur van zeven dagen te rechtvaardigen. Deze praktijk is een indicatie van het verval dat zich vanaf de tweede helft van de jaren zestig langzaam doorzette. Het is overigens vermeldenswaardig dat er zelfs in de jaren zestig nog steeds optredens plaatsvonden in Forum. Onder meer Claude François, Mireille Mathieu en Zarah Leander maakten er hun opwachting.[36]

36 Nijs 2011, p. 67; Persoonlijke mededeling José Maes.voormalig caissière van Rex Leuven, 27.04.2011 (http://soundcloud.com/joachimn/interview-jose).

Bij de vertoning van *A Very Special Favor* (Michael Gordon, 1965) in januari 1966 was deze al bij al brave film nog pikante materie voor het Leuvense publiek (ill. 9). Deze 'sekskomedie' met steracteur Rock Hudson was echter slechts een voorbode van wat in de jaren zeventig komen zou. Hudson maakt in de film gebruik van zijn verleidingskunsten en bedprestaties om achtereenvolgens aan een veroordeling te ontsnappen en een knappe Française voor zich te winnen. Snel veranderende zeden, dalende bezoekersaantallen en een schaarste aan recente films zorgden vanaf de jaren zeventig voor nieuwe programmatiestrategieën. Dijck begon niet alleen steeds vaker *second runs* en hernemingen van oude films te draaien, maar ook openlijk erotische prenten verschenen op de affiche.

Bovendien was er vanaf 1968 een nieuwe kaper op de Leuvense kust verschenen, met name de Studio van Jos Rastelli. Die introduceerde een aantal belangrijke vernieuwingen. De bioscoop had een spartaanse inrichting en er was er geen zaalpersoneel meer, wat in Forum wel nog het geval was. Verder deed Rastelli aan horizontale programmering: zijn films begonnen op vaste tijdstippen, én hij vertoonde meerdere films per dag in zijn ene zaal. De andere bioscopen konden niet achterblijven. Ook bij Rex en Forum werkte men met steeds minder personeel. Daarnaast tonen de programmaboekjes van het einde van de jaren zeventig aan dat Forum overdag en in de vooravond een hoofdfilm speelde, gevolgd door een erotische prent om 23u.

Het mocht echter niet baten. Vanaf de jaren zeventig sloeg de bioscoopcrisis ook in Leuven in volle hevigheid toe. De Belgen waren rijker, mobieler en minder verzuild, en de populariteit van de televisie speelde de bioscoopsector parten. Forum was de enige overgebleven zaal die van voor de Eerste Wereldoorlog dateerde (ill. 10). Toch sloot Monty in de Diestsestraat nog eerder de deuren, in 1975 al. Tegen het einde van het decennium waren vrijwel de enige 'normale' films die nog in Forum werden vertoond oude films of *second runs* van titels die eerder in Rex op de affiche hadden gestaan. De rest van de programmatie bestond uit erotiek met titels die soms weinig om het lijf hadden, zoals *Liefdesuitspattingen* (Joel Scott, 1977) en *Vuile Manieren* (Jack Genero, 1977). Na *Liebesgrüße aus der Lederhose 4: Die versaute Hochzeitsnacht* (Gunter Otto, 1978) viel op 26 juni 1980 definitief het doek voor de oudste nog bestaande bioscoop van Leuven.[37] De zaal werd begin jaren tachtig afgebroken en ruimde plaats voor een filiaal van C&A, één van de vele grote winkelketens die de Bondgenotenlaan beetje bij beetje inpalmden. Alleen de oude taverne overleefde tot vandaag als café De Ton.[38] Een klein boogornament links op de gevel is alles wat nog herinnert aan de oorspronkelijke ingang van de filmzaal.

Daarmee eindigde het 66 jaar lange verhaal van bioscoop Forum. De sluiting zou bovendien de toon zetten voor de volgende jaren. Al snel was ook Eden (1980) en Lovanium (1981) hetzelfde lot beschoren. Alleen Cine Rex en de ondertussen sterk gegroeide Studio Filmtheaters bleven over. Ondertussen verliep de doodsstrijd van Rex in grote lijnen zoals die van zusterzaal Forum: blockbusters werden zeldzaam, B-films en later erotische prenten overheersten. In februari 1986 ging met Rex echter ook de laatste klassieke, grote centrumbioscoop voor de bijl. Studio Filmtheaters had het pleit gewonnen, maar ook hun rijk was, zoals we vandaag weten, eindig.

Besluit

De recente sluiting van Studio Filmtheaters is in zekere zin verbonden met het verdwijnen van bioscoop Forum in 1980. Tijdens de jaren tachtig namen de multiplexen het in Leuven immers over van de personeelsintensieve, luxueuze en vaak erg grote centrumbioscopen. Forum was duidelijk zo een centrumzaal: een prachtige, multifunctionele

37 Nijs 2011, p. 66.
38 Nys 2011, p. 122.

ROCK HUDSON
LESLIE CARON
CHARLES BOYER
Le COUP de L'OREILLER
TECHNICOLOR®
"A VERY SPECIAL FAVOR"
AVEC
WALTER SLEZAK · DICK SHAWN · LARRY STORCH · NITA TALBOT
STANLEY SHAPIRO et NATE MONASTER · MICHAEL GORDON · STANLEY SHAPIRO · ROBERT ARTHUR
LIEFDE IN 3 LESSEN
Universal International

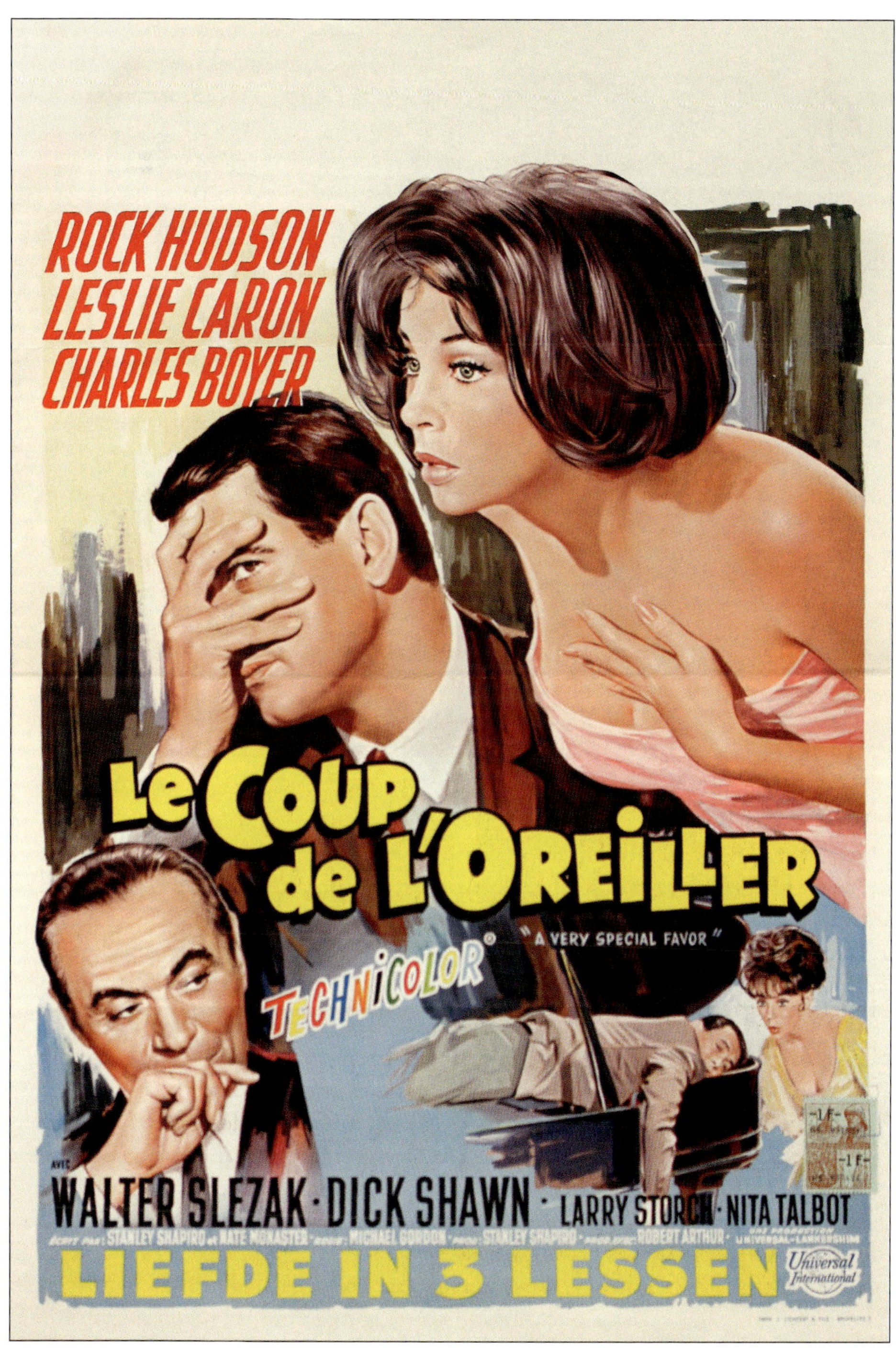

9

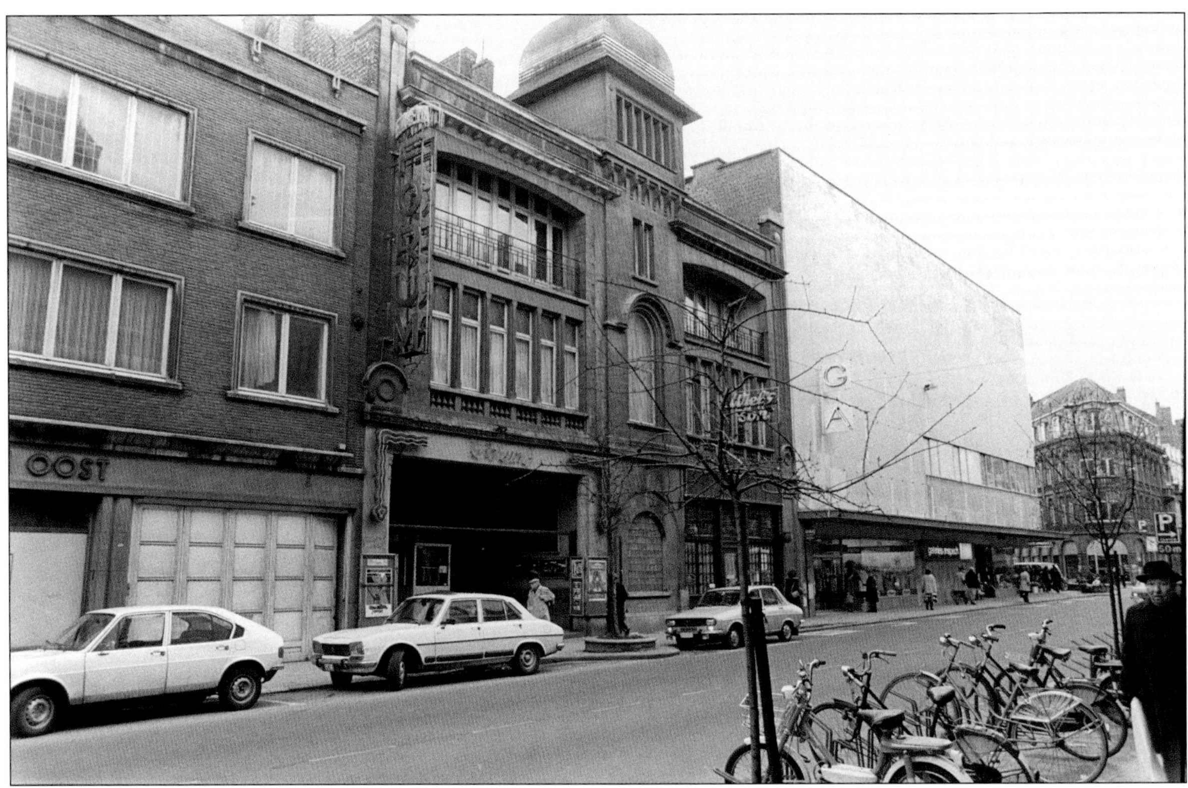

10

ruimte met meer dan 1.000 zitplaatsen, waar de Leuvenaar decennialang de grootste kassuccessen uit de filmgeschiedenis kon komen bewonderen. De naam en faam van Forum maakten dat de zaal een hoofdrol speelde in de Leuvense bioscoopgeschiedenis. Van het prille begin voor de Eerste Wereldoorlog, over het verschijnen van de geluidsfilm en de topjaren na de Tweede Wereldoorlog tot het verval in de jaren zestig en zeventig… Forum was er steeds bij, en deze affiches illustreren dat.

5. Filmaffiches uit bezet Leuven (1940-1944): getuigen van een gestuurd filmaanbod tussen propaganda en pragmatisme

Roel Vande Winkel

Tijdens de Tweede Wereldoorlog werd België van mei 1940 tot begin september 1944 bezet door nazi-Duitsland. De bezetting had een sterke impact op zowat alle aspecten van het dagelijks leven en dus ook op de filmvertoning en –beleving. In onderstaande uiteenzetting worden een aantal filmaffiches uit bezet Leuven geanalyseerd als getuigen of indicatoren van het toenmalige filmaanbod. Daarbij wordt gebruik gemaakt van internationale literatuur,[1] van persoonlijk onderzoek naar film in bezet België[2] en van lopend onderzoek naar de bioscoopprogrammering in Leuven (1940-1944).[3]

Het is verleidelijk om de termen *film*, *bezetting* of *Tweede Oorlog* onmiddellijk in verband te brengen met *propaganda*. Dat verband was er natuurlijk: het is geen toeval dat het Duitse filmbeleid in bezet België vooral ter harte werd genomen door de *Propaganda-Abteilung Belgien* (*PAB*). De *PAB*, die officieel ressorteerde onder het aan België opgelegde Militair Bestuur, maar ook onder sterke invloed van het Duitse propagandaministerie stond, initieerde

---

1 De hier besproken films worden geanalyseerd in lexica (Klaus 1988-2006; Bessay & Chirat 1994) maar, wat Duitse films betreft, ook in de wetenschappelijk onderbouwde databank http://www.filmportal.de

2 Voor een algemene schets van de Duitse filmpolitiek in bezet België, zie Vande Winkel 2011. Voor een algemene analyse van de specifieke impact op filmvertoningen zie Vande Winkel 2007.

3 Hiernaar wordt in het academiejaar 2011-2012 onderzoek verricht aan de KUL, Faculteit Sociale Wetenschappen, Master Communicatiewetenschappen. Dit onderzoek wordt in het kader van een Masterproef uitgevoerd, onder begeleiding van de auteur, door Cleo Hoebeke. Binnen diezelfde constellatie onderzoekt Kenneth Naud de bioscoopprogrammering voor en na de bezetting (1939-1940; 1944-1945).

allerlei maatregelen ter hervorming van de Belgische filmsector. Ze was onder andere verantwoordelijk voor een in de zomer van 1940 ingesteld verbod op de vertoning van alle Britse en Amerikaanse films en een herkeuring (censuur) van elke film die Belgische bioscoopeigenaars wilden vertonen. De *PAB*, die in de loop van de bezetting via het Militair Bestuur maar vooral via de zogenaamde filmcorporatieve organisaties een resem grote en kleine regels over de filmsector zou uitstorten, bepaalde niet alleen in detail hoe films geadverteerd of vertoond moesten worden, maar stuurde ook wie welke films op de markt mocht brengen. Op deze manier werd er voor gezorgd dat de lacune die het verbod op Amerikaanse en Britse films had geslagen, in de eerste plaats door Duitse films werd ingevuld. Ter illustratie: van de ruim 110 filmverdelers die voor de Duitse inval in België actief waren, bleven er in het voorjaar van 1941 minder dan twintig over. Als belangrijkste verdeelhuis gold voortaan de Brusselse vestiging van het Duitse *Ufa* filmbedrijf en haar zogenaamd onafhankelijke bijhuis *Tobis*. In realiteit waren *Ufa* en *Tobis* eng met elkaar verknoopt en werd *Tobis* in 1942 door *Ufa* opgeslorpt.

Dat de *PAB* zich zo sterk voor film interesseerde, mag ons echter niet doen besluiten dat alle in die periode vertoonde producties propagandafilms waren. De filmvertoningen in hun geheel, inclusief het filmjournaal dat elke film verplicht voorafging (zie verder), hadden onmiskenbaar een propagandistische functie. Maar de langspeelfilms die in dat kader werden vertoond, en waarover de hier besproken affiches vooral getuigen, waren daarom niet noodzakelijk allemaal propagandavehikels. Integendeel, het feit dat heel wat Duitse films geen expliciete propagandistische verhaallijn hadden, maar amusement en vertier brachten, verklaart waarom het Belgische publiek na het verdwijnen van Britse en (vooral) Amerikaanse films niet massaal afhaakte maar zich relatief snel aan de nieuwe situatie aanpaste.

Voor de Duitse inval waren er in Leuven maar liefst acht cinema's actief: A.B.C. (sinds 1939, voorheen Alhambra), Casino, Forum, Palace, Cinetrip, Eden, Lovanium en Scala (geopend in 1939).[4] Tijdens de bezetting werden Lovanium en Palace min of meer op non-actief gezet.[5] Het is niet duidelijk of ze geen toelating kregen om de deuren te heropenen, dan wel er voor kozen hun activiteiten neer te leggen. De zes overblijvende bioscopen konden gezamenlijk 4589 bezoekers ontvangen.[6] Eden, City (zoals Cinetrip voortaan heette) en Scala waren onafhankelijk en konden respectievelijk 875, 350 en 211 bioscoopplaatsen aanbieden. Ze gingen zo in concurrentie met Forum (zoals Louvain Palace sinds 1933 heette, met 1460 plaatsen de grootste), Casino (het voormalige Casino d'Allemagne, 712 zitjes) en A.B.C. (981 stoeltjes). Hoewel veel Leuvenaars zich daar misschien niet van bewust waren, maakten deze drie bioscopen al voor de oorlog deel uit van een keten. Ze behoorden alle drie tot de *Comptoir belge de Cinématographie* (*Cobec*), een consortium dat voor de bezetting door het Amerikaanse *Metro-Goldwyn-Mayer* (*MGM*) werd gecontroleerd. Om die reden raakten de bioscopen tijdens de bezetting in het vizier van de *PAB*. Blijkbaar kon of wou de *PAB* deze Leuvense cinema's, anders dan Brusselse en Luikse bioscopen die wel rechtstreeks eigendom van het "joodse"[7] MGM waren geweest, niet zomaar in

4 Gegevens ontleend aan het lopend onderzoek van Cleo Hoebeke en Kenneth Naud.

5 Verderop zal duidelijk worden dat Lovanium heel soms gebruikt werd voor de vertoning van propagandafilms.

6 Deze paragraaf is gebaseerd op Nijs 2011, pp. 25-26; Vande Winkel 2007, p. 75; Belgische Syndicale Kamer van Filmverhuurders en Vereeniging der Cinemabestuurders van België, 1942, pp. 100, 103 en 136.

7 "Nach Übernahme [der] *Cobec* Theater ist neue kommissarische Verwaltung für die Lichtspielhaüser der jüdischen Metro-Goldwyn-Mayer [...] beantragt". Studie- en Documentatiecentrum Oorlog en Hedendaagse Maatschappij (Soma/Ceges), German Records Microfilmed in Alexandria (GRMA), T 77, Propaganda-Abteilung Belgien, Tätigkeitsbericht für November 1940, p. 6.

beslag (laten) nemen. Dat belette echter niet dat de *PAB* zijn invloed op de *Cobec* cinema's vergrootte. Hoewel dit tegenover de buitenwereld verborgen werd gehouden, en de *Cobec* bioscopen hun Belgische directeur-generaal (Philippe Debecker) behielden, werd de keten sinds de herfst van 1940 achter de schermen bestuurd door de leider van de *PAB Gruppe Film*.[8] De wisselwerking tussen de *PAB* filmleider (Robert Van Daalen) en Debecker dient nog nader onderzocht te worden. Vast staat echter dat de drie *Cobec* bioscopen in functie bleven als commerciële cinema's. Dat laatste was niet zo vanzelfsprekend. Elders in België deed de *PAB* ettelijke cinema's sluiten, omvormen tot *Soldatenkinos* of (wanneer het zeer prestigieuze bioscopen in Belgische grootsteden betrof) opgaan in *Bruciné*, een mantelorganisatie bestuur door Alfred Greven, een vertrouweling van Goebbels (zie verder).

De regels die de *PAB* inzake filmdistributie en –vertoning oplegde, wijzigden in de loop van de bezetting herhaaldelijk. Forum, dat ook veruit de grootste actieve cinema was, heeft blijkbaar gedurende de hele bezetting als eerst visiezaal gefungeerd, wat betekende dat deze cinema binnen de regio het recht had om prestigieuze films als eerste te tonen. (Aan dit recht was een verplichte minimumprijs gekoppeld, waar filmverdelers een percentage van kregen.) Hoewel Forum geen officiële *Soldatenkino* was, werd de zaal wel bijna wekelijks een voormiddag gebruikt voor vertoningen voor soldaten.[9] Forum moest die 'pole position' wel delen: aanvankelijk alleen met Eden, vanaf 1943 blijkbaar ook met A.B.C..[10] Enerzijds zien we in het Leuvense bioscooplandschap tijdens de bezetting dus een continuïteit met de vooroorlogse periode. Forum, Casino en A.B.C. vormden net als voor mei 1940 een dominant blok. Anderzijds waren er natuurlijk grote verschillen. Zo was het blok van de *Cobec* cinema's door het verdwijnen van twee zalen natuurlijk dominanter dan vroeger. (Het is goed mogelijk dat de *PAB* hen daarom belette de deuren weer te openen). Daarnaast was het filmaanbod tijdens de bezetting natuurlijk ook heel anders, met nieuwe filmtitels en nieuwe filmsterren.

Heinz Rühmann, Kristina Söderbaum, Willi Forst, Zarah Leander, Hans Albers, Marika Rökk, Emil Jannings... Internationaal hebben deze namen niet dezelfde weerklank als die van tijdgenoten Marlene Dietrich, Greta Garbo of Clark Gable, maar tijdens de bezetting genoten ze wel degelijk een vergelijkbare populariteit. Zoals dat ook in Hollywood gebruikelijk was en is, werden sterren vaak getypecast. Zo was de immens populaire Heinz Rühmann gespecialiseerd in onhandige klunzen met een gouden hart. Het personage dat hij in het als *De kleine man* vertaalde, door Carl Froelich geregisseerde *Der Gasmann* (1941) vertolkte (ill. 1), had bijvoorbeeld de broer kunnen zijn van de onhandige piloot Quax (*Quax der Bruchpilot*, Kurt Hoffmann, 1941). Of van het strippersonage Lambik, die Willy "Suske & Wiske" Vandersteen in 1946 introduceerde en waarvoor hij de mosterd best wel eens bij Rühmann zou kunnen hebben gehaald. Wie de affiche bekijkt en Rühmann klunzig ziet staan in gestreepte pyjama (die hij ook in de film vaak draagt – mogelijk is dit de reden waarom de affiche expliciet "kinderen toegelaten" vermeldt), met bolhoed en reistas, kan de gelijkenis met de latere Lambik niet ontgaan. Eveneens opvallend is de grote *close-up* van actrice Anny Ondra, een Duits-Tsjechische actrice die in België nooit doorbrak en de randinformatie over de toenmalige vertoningcontext. Net als voor de oorlog werden films "doorlopend" vertoond: er waren dus meerdere vertoningen per dag, waarbij enkel geafficheerd werd hoe laat de eerste voorstelling begon. Wie later op de dag wou komen, moest dan maar inhaken.

8 Soma, GRMA, T 77, Jahresbericht der Propaganda-Abteilung Belgien, p. 55.

9 Van Engeland 1988, pp. 25-26

10 Zie het distributieplan 1943-1944, gepubliceerd in het corporatieve blad *Cinema*, 1 oktober 1943, 6.

EDEN
CINEMA
17 – 23 JULI
DOORLOOPEND :
ZONDAG om 1,30 uur.
Donderdag om 2 u. - De andere dagen om 4 u.
KINDEREN TOEGELATEN
UFA
FILMS
Heinz RÜHMANN
DE KLEINE MAN
"DER GASMANN"
Carl FROELICH FILM UFA
Anny ONDRA
PROD: FRIEDRICH PFLUGHAUPT
REGIE: CARL FROELICH
Erika HELMKE • Charlotte SUSA
Will DOHM • Hans LEIBELT
Walter STEINBECK • Franz WEBER
GEDRUKT IN BELGIE

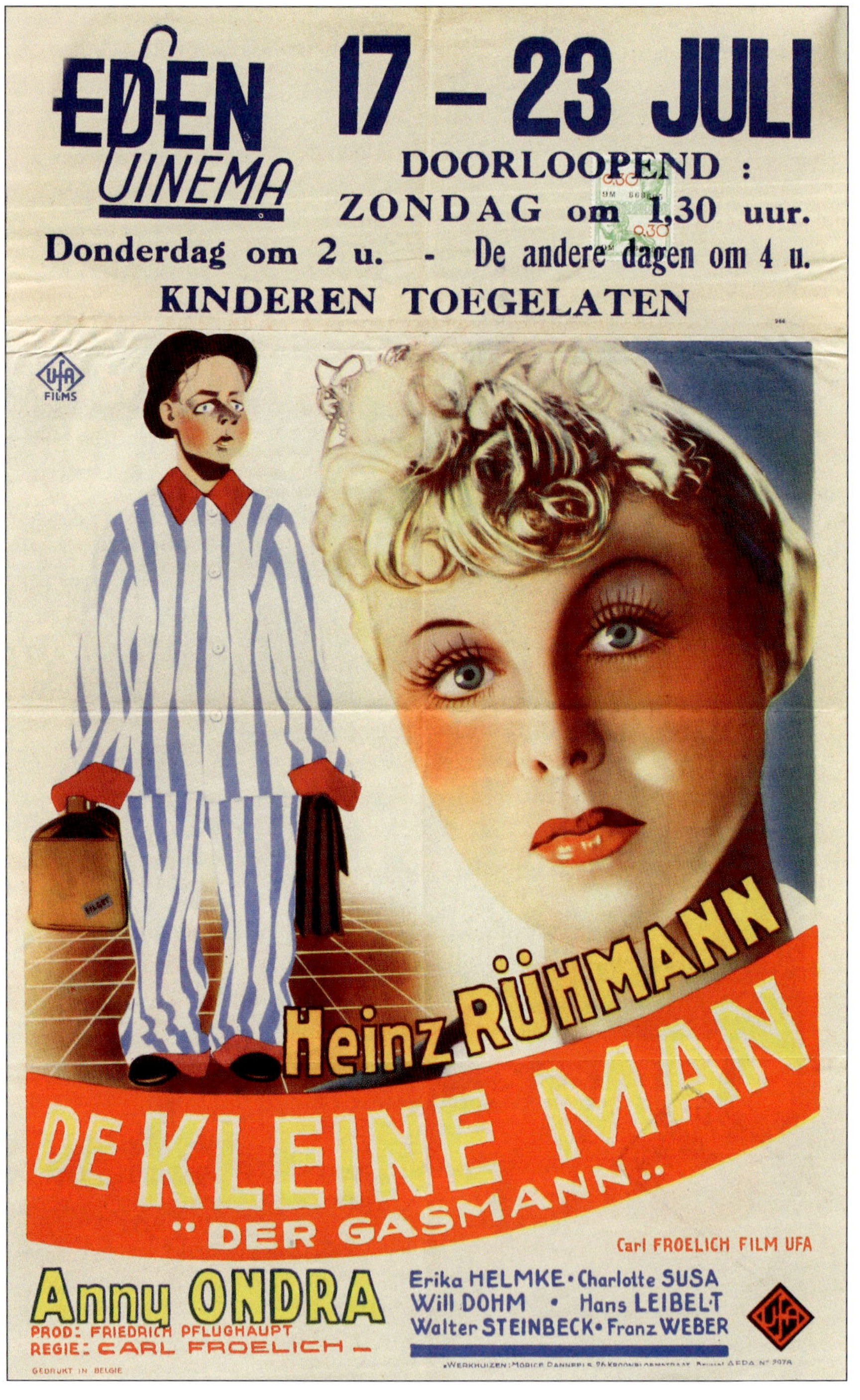

1

Rühmann reisde in april 1941, vergezeld van zijn acterende echtgenote Hertha Feiler (verderop in deze bijdrage te zien op de *Rembrandt* affiche) af naar België ter promotie van hun gemeenschappelijke film *Das Paradies der Junggesellen*. Die laatste film dateerde van 1939, maar had in België weinig of geen succes gekend en werd dus in 1941 (her)uitgebracht.[11] De *PAB* was zeer opgetogen over dergelijke promotiebezoeken van Duitse sterren aan België, omdat ze hoopten zo een grotere populariteit van de Duitse film in het algemeen te bewerkstelligen. Gehoopt werd dat een publiek dat vaak naar Duitse films keek, gevoelsmatig en ideologisch een grotere affiniteit met Duitsland zou ontwikkelen. Verder speelde natuurlijk ook een strikt economische factor: hoe succesvoller Duitse films waren, hoe meer inkomsten er naar Duitsland vloeiden. Dit was vooral belangrijk omdat *Ufa*, *Tobis* en alle andere betekenisvolle Duitse productiefirma's tegenover de buitenwereld als onafhankelijke commerciële maatschappijen werden voorgesteld, maar achter de schermen grotendeels of geheel in handen waren van de Duitse staat. Op die manier droeg zelfs een luchtige komedie als *Der Gasmann* bij aan de Duitse oorlogseconomie.

Hoewel Duitsland met Rühmann, Emil Jannings of Hans Albers wel degelijk sterren van eigen *Blut und Boden* had, kwamen de grootste sterren aan het Duitse filmfirmament van buitenaf. Zo was geen van de drie meest populaire steractrices *Reichsdeutsche*: Kristina Söderbaum en Zarah Leander kwamen uit Zweden terwijl Marika Rökk van Hongaarse origine was. Uit de affiche van het in 1939 door Carl Froelich geregisseerde *Es war eine rauschende Ballnacht* blijkt duidelijk dat Zarah Leander toen nog een veel grotere publiekstrekker was dan haar Hongaarse tegenspeelster, die wel in even grote letters vermeld wordt, maar niet op de affiche afgebeeld wordt (ill. 2). Onder andere dankzij deze film zou Rökk echter doorbreken en een Europese filmster worden. *Es war eine rauschende Ballnacht* is overigens typisch een film uit 1939, een jaar waarin

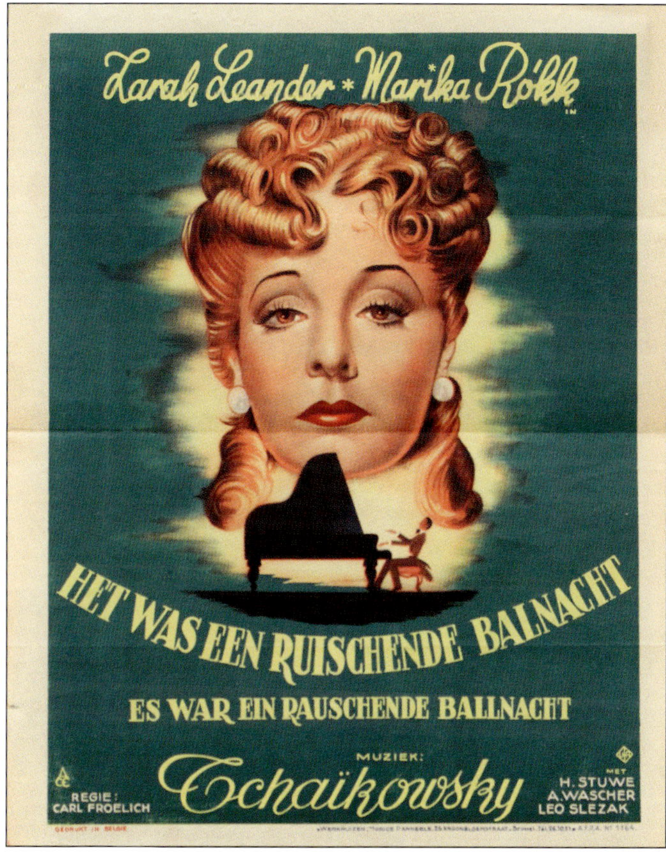

2

nazi-Duitsland en de Sovjet-Unie op basis van hun niet-aanvalspact op goede voet leefden. De film focuste immers op de Russische componist Pjotr Tsjaikovski (1840-1893), rond wiens lotgevallen (als miskend genie) een dubbel liefdesverhaal wordt gebrouwen, dat natuurlijk door Leander (als grotere ster) wordt gewonnen. Hoewel het verhaal zich in tsaristisch en dus niet in communistisch Rusland afspeelde, zou een dergelijke setting na de Duitse invasie van de Sovjet-Unie (22 juni 1941) onmogelijk worden. Met dit melodramatische verhaal, dat

11 Het is onduidelijk of de film voor de bezetting al dan niet al in België vertoond was. Zie ook Vande Winkel 2007, p. 65.

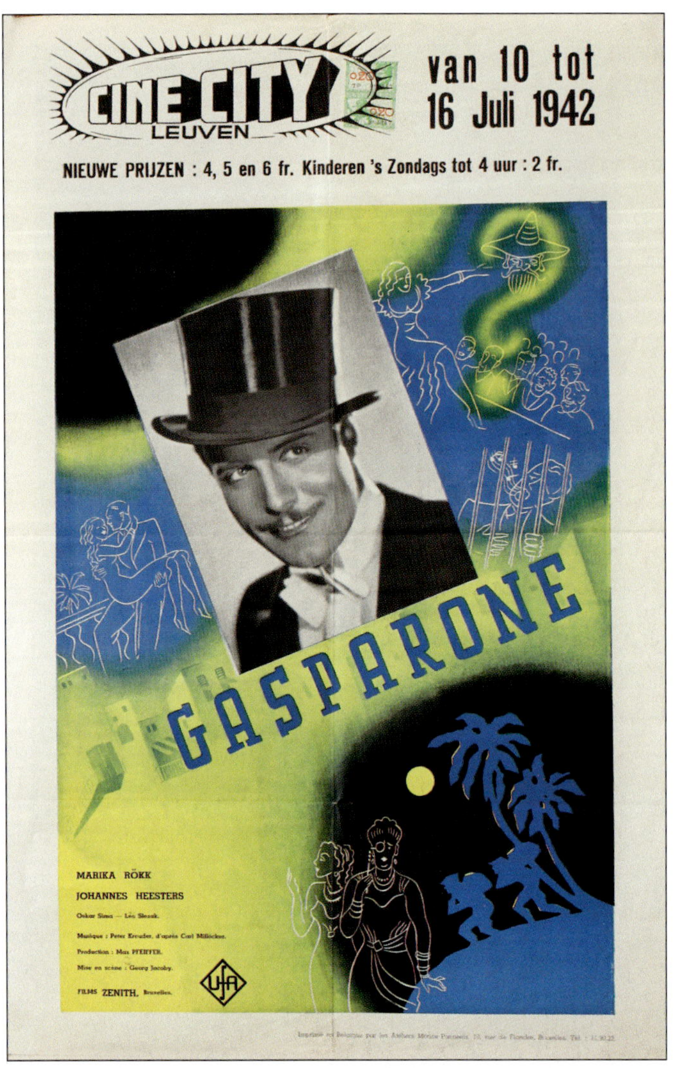

3

culmineert in Tjaikovski's dood, richtte Carl Froelich zich tot een ouder en volwassener publiek dan met *Der Gasmann*. Dat blijkt ook uit de affiche, die veel gestileerder is en met Leanders droevig kijkend gelaat, hangend boven de piano, duidelijke de artistieke waarde van de film wil overbrengen. We bemerken op de affiche rechtsonder het logo van *Ufa*, maar linksonder ook het logo van *ACE*, de *Alliance Cinématographique Européenne*. Dit laatste kan er op wijzen dat de affiche van voor de oorlog dateert, toen *Ufa* zich in Brussel door een afdeling van haar Franse dochter *ACE* liet vertegenwoordigen.

De ontbrekende Marika Rökk zien we, nog steeds voor haar grote doorbraak en misschien daarom weer niet (herkenbaar) afgebeeld op dit promotiemateriaal, vermeld op de affiche van *Gasparone* (1937) (ill. 3), gebaseerd op de gelijknamige operette van Carl Millöcker. De regie was in handen van Georg Jacoby, die een paar jaar later met Rökk zou huwen en haar carrière zou voortstuwen. In deze film had Jacoby echter maar één ster: Johannes "Jopie" Heesters, die hier duidelijk als een *ladies' man* geportretteerd werd. De affiche maakt geen melding van "kinderen toegelaten" en de achtergrondtekeningen (met linksachter een vrouw in de armen van een man, rechtsachter een haar beste beentje voortzettende danseres, duidelijk gebaseerd op Marika Rökks personage) suggereren ook een iets rijper publiek. De op Kerstavond 2011 op 108-jarige leeftijd overleden Heesters, woonde sinds het midden van de jaren 1930 in Duitsland, maar was Nederlander van geboorte en paste dus ook in de rij buitenlandse "Duitse" filmsterren. Heesters, Leander en Rökk hadden overigens ook geregeld zangrollen in de hen toevertrouwde films. Ze waren dan ook regelmatig te horen op de radio (in Duitsland en in bezet gebied), waarbij de muziek de film ondersteunde en vice versa. Een dergelijke wisselwerking vinden we terug in vele Duitse ontspanningsfilms, zo ook in Geza von Bolvary's *Traummusik* (1940), waarin de blonde actrice Marte Harell een operazangeres vertolkte (ill. 4).

Toen Forum de film in augustus 1941 adverteerde, werd Harell getoond in – al moest men dat woord toen misschien nog uitvinden – rode *hotpants.* Haar pose zou op foto te gewaagd geweest zijn, maar als tekening kon het wel door de beugel. De zwierige affiche suggereert vrolijkheid en frivoliteit: ook hier werd de kijker duidelijk gemaakt dat de bioscoop hem of haar ontspanning bood, een korte vlucht uit het oorlogsleven. De affiche, die de film als *Musique de Rêve* aankondigt, verraadt dat *Traummusik* in een

Musique de Rêve
la chanson du bonheur et de la gloire
AVEC
MARTE HARELL
LIZZI WALDMUELLER
ALBRECHT SCHŒNHALS
WERNER HINZ
AXEL VON AMBESSER
BENJAMINO GIGLI
ITALA-FILM
TOBIS
FORUM
VAN 15 TOT 21 AUGUSTUS
H. WELLENS & W. GODENNE, IMPRIMEURS

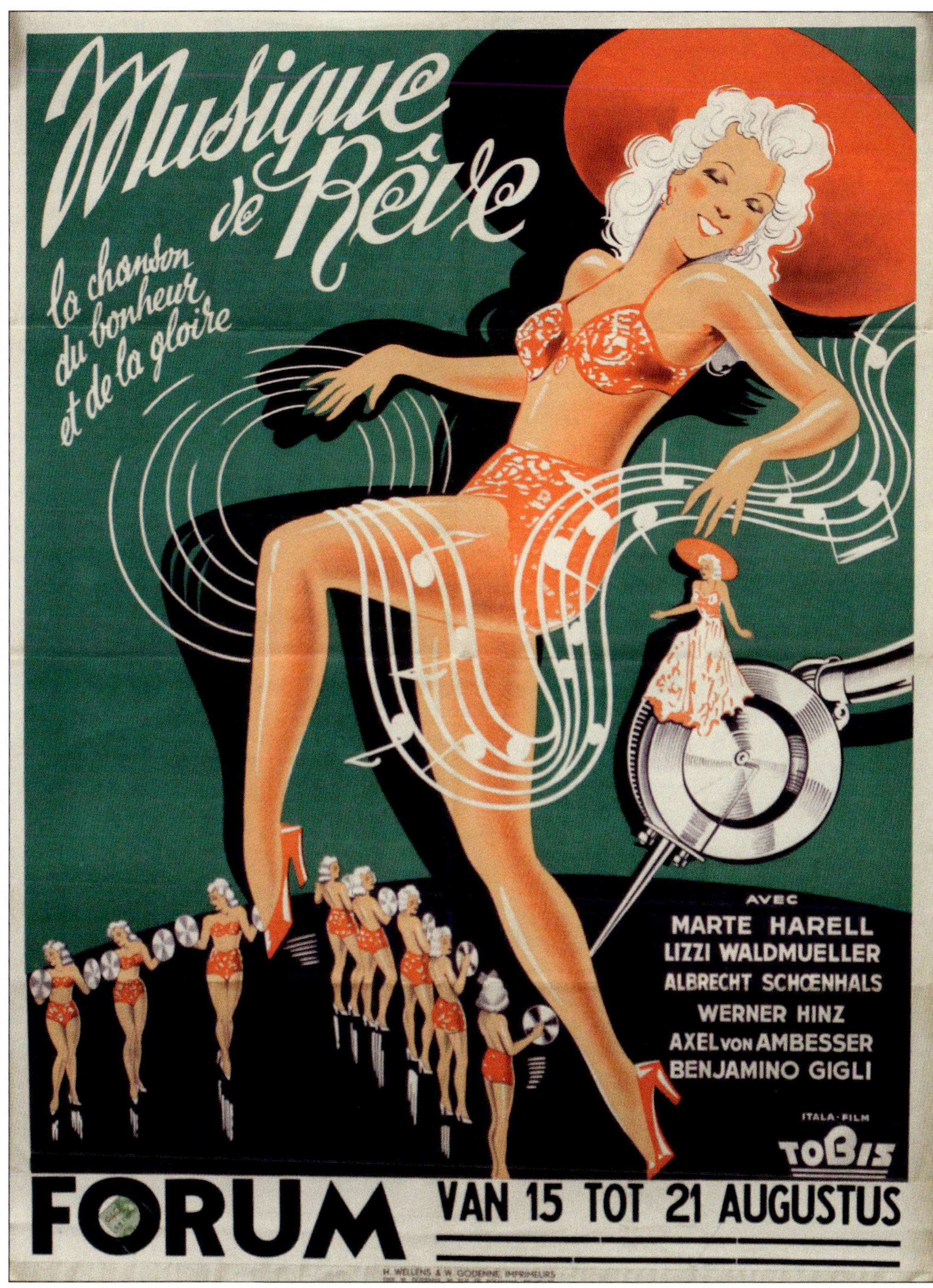

4

Frans nagesynchroniseerde versie werd vertoond. Dat laatste was niet zo vanzelfsprekend. In het kader van de zogenaamde 'Flamenpolitik' mochten Vlaamse bioscopen Duitse films enkel in ondertitelde en dus niet in nagesynchroniseerde versie vertonen. In Franstalig België gold deze regel echter niet. Daar mocht men ook gebruik maken van voor de Franstalige markt (Frankrijk en zijn kolonies) nagesynchroniseerde versies. In 'grensgebieden' zorgden deze verschillende richtlijnen voor problemen. De *PAB* trachtte hier pragmatisch mee om te gaan en besloot in de mate van het mogelijke de filmvoorkeur van het publiek te respecteren. In Brussel kregen bioscoopeigenaars, tot spijt van collaboratieverenigingen als het VNV en de DeVlag, dus de keuze. In Leuven, waar historisch – omwille van de aanwezigheid van een tweetalige universiteit – een beduidende Franstalige gemeenschap woonde, werden daarom soms ook Franse nasynchronisaties toegelaten.

Een van de meest succesvolle Duitse films uit de bezettingsperiode was *Rembrandt* (1942) van Hans Steinhoff. Dit was blijkbaar ook in Leuven zo: de film liep in november-december 1942 maar liefst twee weken in cinema Forum (dat 1460 zitjes telde en de film in deze periode vermoedelijk meermaals per dag vertoonde) en werd in april 1943 een week hernomen in City (350 plaatsen, (ill. 5)).[12] Steinhoff was een briljante regisseur die zich al in 1933 tot het nationaalsocialisme bekend had met de rabiate propagandafilm *Hitlerjunge Quex*. Hoewel *Rembrandt*, een *biopic* over de gelijknamige schilder, zowat integraal in Nederland werd opgenomen (waar de Duitse filmindustrie de Nederlandse studio's had overgenomen), mocht de lokale bevolking hooguit opdraven als figurant. Net als in de Duitse verfilming van Stijn Streuvels' *De Vlaschaard* door Boleslaw Barlog (*Wenn die Sonne wieder scheint*, 1943)[13] werden alle betekenisvolle rollen ingevuld door Duitse acteurs. Op het eerste zicht was de film, zoals de affiche ook weergeeft, vooral een karakterschets van het tragische leven van een miskend genie, die door zijn echtgenote Saskia (Hertha Feiler) geliefd, maar door zijn tijdgenoten gesaboteerd wordt. Maar Kurt Heuschers scenario had een perfide zijlijn: Rembrandt werd in de film immers vooral financieel genekt door het gesjacher van joodse geldschieters. In de promotie voor deze film werd dit element bewust vaag gehouden. Op de affiche zien we hoe de creërende artiest onderzoekend bekeken wordt door een andere man, maar deze kreeg (anders dan in de eigenlijke film) bewust geen raciaal-stereotiep joods uiterlijk, zoals dat in de promotie van het beruchte *Jud Süss* (Veit Harlan, 1940) wel het geval was.

Steinhoff was overigens ook verantwoordelijk voor de regie van *Ohm Krüger* (1941), een film die achter de schermen mee geproduceerd werd door hoofdrolspeler Emil Jannings. Die laatste was na *Der Blaue Engel* (Josef Von Sternberg, 1930)[14] internationaal doorgebroken en had in Hollywood een paar klassieke rollen gespeeld. Hij was uiteindelijk – in tegenstelling tot Marlene Dietrich – naar Duitsland teruggekeerd en had zich er tot een overtuigd aanhanger van het nationaalsocialisme ontpopt. Filmisch was Ohm Krüger een meesterwerk: sterk geacteerd, prachtig gefotografeerd. Narratief was de film echter uiterst tendentieus: gecentreerd rond de historische figuur van Paul Kruger (1825-1904) werd het verhaal van de Boerenoorlog (1899-1902) gebruikt om te "bewijzen" dat Groot-Brittannië sinds

12 Gegevens over de programmering werden ontleend aan het lopend onderzoek van Cleo Van Hoebeke. De capaciteit van Leuvense bioscopen komt aan bod in Belgische Syndicale Kamer van Filmverhuurders en Vereeniging der Cinemabestuurders van België 1942, 100 en 103 (waarbij Scala niet tot Leuven maar tot Heverlee gerekend wordt). Deze cijfers zijn natuurlijk indicatief: het is onbekend hoeveel personen er per voorstelling aanwezig waren.

13 De enige Duitse film die, op expliciete vraag van Streuvels, wel in het Vlaams nagesynchroniseerd werd. Vande Winkel & Van linthout 2007, p. 97.

14 Een film die niet vertoond mocht worden, omdat Marlene Dietrich in 1930 naar Hollywood vertrokken was en weigerde terug te keren.

CINE CITY
LEUVEN
van 23 APRIL tot
29 APRIL 1943
UFA
FILMS
EWALD BALSER
REMBRANDT
GISELA UHLEN
HERTHA FEILER
E. FLICKENSCHILDT
Prod: TERRA
Regie
HANS STEINHOFF
KURT HEUSER
ALOIS MELICHAR

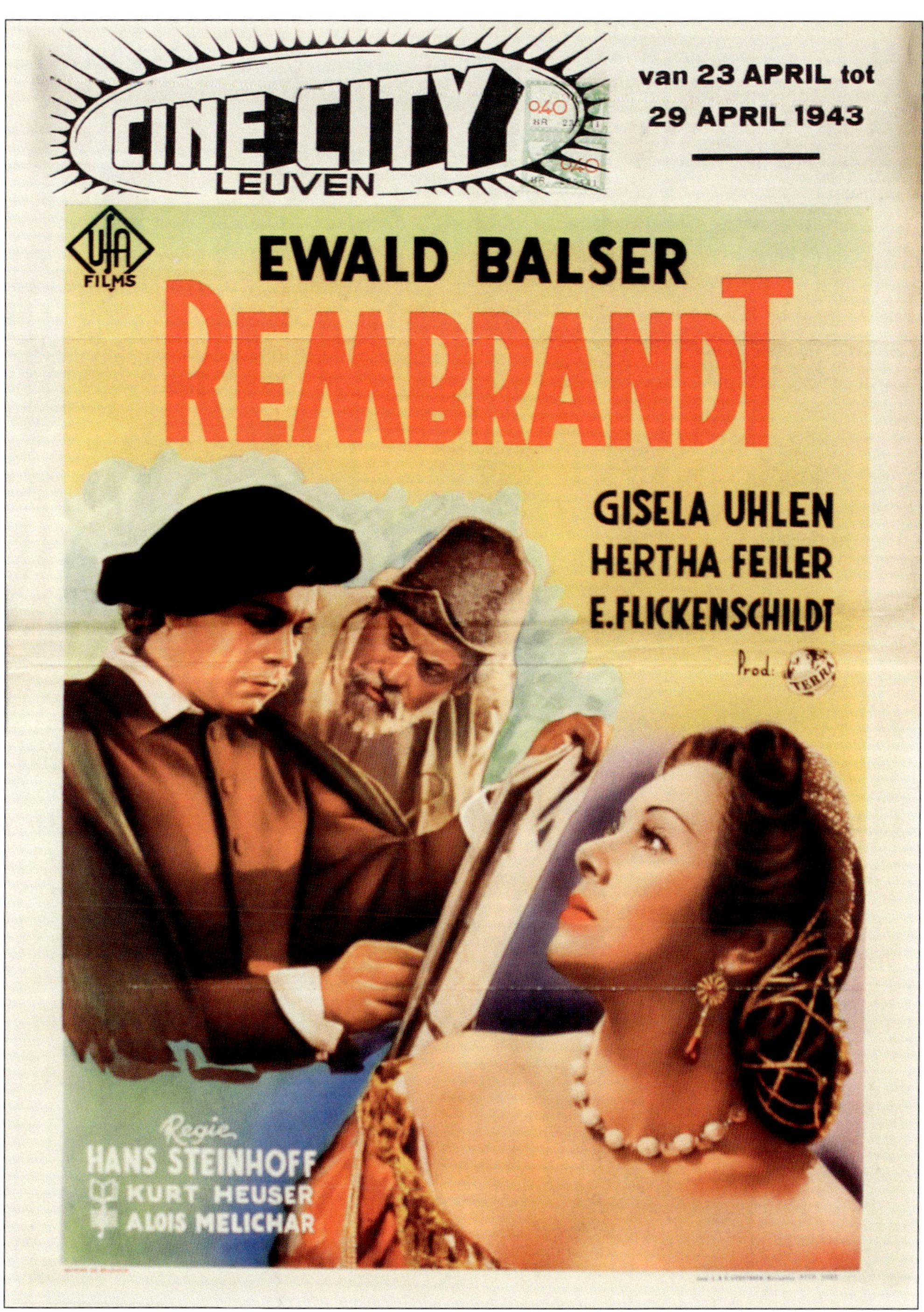

5

decennia een oorlogszuchtige, koloniale mogendheid was, die dus terecht door nazi-Duitsland bevochten werd. De film was op maat van een Duits publiek gesneden, maar bleek internationaal moeilijk verkoopbaar. Met uitzondering van Frankrijk, waar men op het oude anti-Britse sentiment inspeelde, de film een nieuwe inleiding gaf en hermonteerde, werd *Ohm Krüger* niet in andere bezette landen vertoond. In sommige landen werd het wel overwogen, en in België werd de film zelfs herhaaldelijk aangekondigd. Uiteindelijk besloot de *PAB*, nadat een testvisie voor Belgische journalisten negatieve reacties opleverde, het er niet op te wagen.[15] Vermoedelijk was de film te herkenbaar. Kijkers werden verondersteld medelijden te ontwikkelen met de arme Zuid-Afrikaanse Boeren, wiens land door de Britten werd ingenomen en wiens bevolking in concentratiekampen (!) werd opgesloten. Het gevaar was echter groot dat kijkers in bezet gebied, zoals België, dit alles met hun eigen situatie zouden associëren en parallellen zouden trekken tussen de Britse invasie van Boerenrepublieken en de Duitse invasie van hun eigen land. De film bleef dus achter slot en grendel, met uitzondering van bijzondere vertoningen, die werden georganiseerd in overleg met de *PAB* en waartoe vooral geworven werd onder in België verblijvende Duitsers of onder met nazi-Duitsland sympathiserende organisaties als de DeVlag en het VNV. De zeldzame affiche van een op 7 mei 1944 in Lovanium (waar geen reguliere bioscoopprogrammering plaats vond) georganiseerde vertoning van *Ohm Krüger* (ill. 6) getuigt hier van.

De affiche van *Ohm Krüger* getuigt verder ook van een belangrijke, gedurende de hele bezetting geldende verplichting in verband met de vertoning van films. Terwijl een programma voor de bezetting in sommige bioscopen doorgaans bestond uit twee langspeelfilms (een recente publiekstrekker en een oudere film als extraatje) mocht een filmprogramma in bezet België enkel bestaan uit drie componenten. Doorgaans werd geopend met "*Het Wereldnieuws*", een in Brussel gemaakte en door de *PAB* gepatroneerde Belgische versie van het Duitse *Ufa* filmjournaal[16] dat door iedereen moest worden bekeken. (Bioscoopeigenaars moesten de deuren bij het begin van het journaal sluiten, het publiek werd verboden om tijdens de vertoning van het journaal commentaar te geven of (afkeurend) lawaai te maken.) Vervolgens toonde men een "*Kultuurfilm*". Deze term, afgeleid van het Duitse begrip *Kulturfilm*, verwees naar een korte documentaire. Deze documentaires waren vaak van Duitse makelij, maar niet altijd. Ter afsluiting volgde dan de langspeelfilm. Met dit model, dat in nazi-Duitsland was ingevoerd in 1938 en later aan alle bezette gebieden werd opgelegd, werden bioscoopgangers verplicht een Duitse visie op de actualiteit te bekijken, werd de vraag naar korte documentaires vergroot (wat de Duitse *Kulturfilm* bevoordeelde) maar werd vooral de vraag naar langspeelfilms verkleind. Deze vraag mocht niet te groot worden omdat de Duitse productiecapaciteit eerder beperkt was. Eveneens opmerkelijk is het feit dat men voor deze voorstelling kinderen toeliet, terwijl ook de gecensureerde versie behoorlijk schokkende beelden bevat. Zo is er een duidelijk op Sergei Eisensteins *Pantserkruiser Potemkin* (*Bronenosets Potjomkin*, 1925) gebaseerde scène, waarin een Boerenvrouw wordt doodgeschoten door de commandant van een Brits concentratiekamp (de acteur is een Winston Churchill *lookalike*) omdat ze tegen het slechte eten protesteert. Op het einde van de film wordt een Boerenleider (Krugers zoon) opgeknoopt voor de ogen van zijn echtgenote en andere Boerenvrouwen, die vervolgens allen worden uitgemoord door de bloeddorstige Britse soldaten. De scènes waren voor hun tijd uitzonderlijk wreed, maar het (anti-Britse) doel heiligde in dit geval natuurlijk de middelen. Verder beleefde het publiek in realiteit natuurlijk ook wrede tijden. De bioscoopaffiche vermeldde niet voor niets dat er "ruime schuilkelders"

15 Poels 1997; Vande Winkel 2009b.

16 Vande Winkel 2009a, pp. 200-204.

LOVANIUM

Zondag 7 Mei, vanaf 15 uur

DOORLOOPEND

OOM KRUGER

Een Jannings-film van TOBIS

met Emiel Jannings, Lucie Höflich, Wern. Hinz, Ern. Schröder, Gisela Uhlen, e. a.

Een Kultuurfilm

Het Wereldnieuws

(volledige uitgave)

Toegang : 5 fr.; Kinderen 3 fr.

Ruime schuilkelders naast de zaal.

VRIJ VAN ZEGEL.

FILMEX 034279 – A.F.F.A. 5430

6

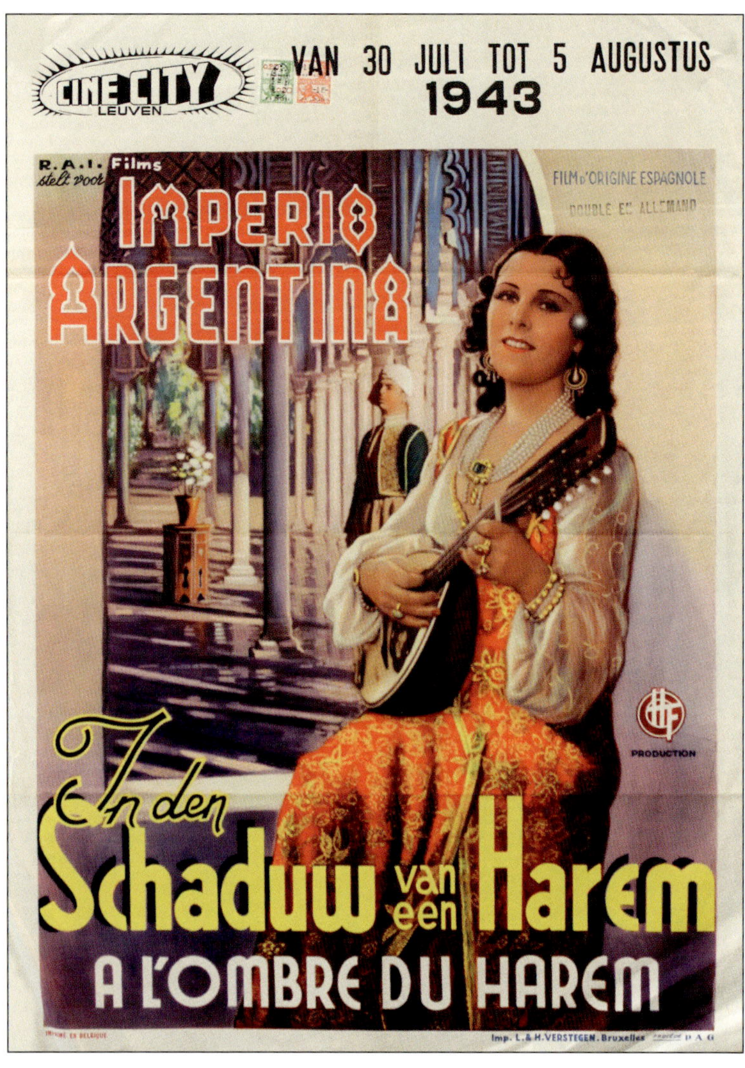

7

waren: niet lang nadien zou cinema Eden getroffen worden bij een geallieerd luchtbombardement.

Hoewel propagandaminister Joseph Goebbels de ambitie had om Berlijn tot een nieuw Hollywood om te vormen, produceerde de Duitse filmindustrie onvoldoende films om de lacune die het verbod op Britse en Amerikaanse films had geslagen, volledig zelf in te vullen. Dit probleem werd natuurlijk nijpender naarmate de oorlog vorderde en de Duitse kansen keerden, waardoor ook de filmproductie daalde. Om aan dit probleem te verhelpen, dienden dus films uit andere landen te worden geïmporteerd. Daarbij werd, conform afspraken die men maakte binnen de door Duitsland gedomineerde Internationale Filmkamer, voorrang gegeven aan landen waar Duitsland een bevoorrechte relatie mee onderhield, zoals Italië, Spanje en Hongarije. De distributie van deze films werd overgelaten aan enkele van de kleinere filmverdelers die nog op de Belgische markt aanwezig waren. "Vanzelfsprekend" werden deze films niet in originele versie vertoond, maar in Duitse of Franse nasynchronisatie. Voor Leuven werd het gebruik van een Duitse versie verplicht[17]. Ook hiervan vinden we enkele mooie voorbeelden in de collectie van het Leuvense Stadsarchief

In den Schaduw van een Harem (ill. 7), zoals de affiche aangeeft een in het Duits gedubde film van Spaanse origine, was eigenlijk een Spaans-Duitse coproductie. Florian de Reys *La cancion de Aixa* (1939), in Duitsland verdeeld als *Hinter Haremsgittern*, werd in België verdeeld door *RAI Films*, een van de kleinere distributeurs die kon overleven. Althans voor even, want in het voorjaar van 1942 moest de firma verdwijnen. De commerciële exploitatie van deze en andere films die RAI verdeelde, werd overgenomen door een grotere concurrent, die het promotiemateriaal mee overnam. De film werd oorspronkelijk gemaakt door *Hispano-Film* (vandaar het HF logo op de affiche), een Duits-Spaanse productiemaatschappij waarmee Goebbels de internationale Spaanstalige markt (inclusief Zuid-Amerika) wilde bestrijken.[18] Hoofdrolspeelster Imperio

17 Zie artikeltje 'Het corporatief leven'. (1942) in: *Cinema*, 2(23), p. 6.

18 Jarvinen & Peredo-Castro 2007, pp. 48-52.

Argentina, echtgenote van regisseur Florian de Rey, kwam uit Argentinië en was een grote ster in de Spaanse filmwereld. Ze combineerde net als een aantal reeds vermelde Duitse tegenhangers, haar acteerwerk met zangopnamen. Argentina werd in de markt gezet als een exotische actrice en dat blijkt ook uit de affiche, die net als de film inspeelde op oriëntalistische motieven. Argentina's personage Aixa werd, conform de eigenlijke filmtitel (*Het lied van Aixa*) zingend afgebeeld, maar de haremverwijzing in de titel appelleerde, net als de zuilengaanderij en mysterieus kijkende man op de achtergrond, naar een exotische droomwereld die in Duitse films niet te vinden was. De Spaanse kolonie van Marokko en haar inwoners vormden een eerder ongewone achtergrond, voor een verhaal dat echter uiterst gewoontjes was en toonde hoe twee mannen voor de liefde van de mooie Aixa vochten.

Augusto Genina's *L'assedio dell' Alcazar* (1940) (ill. 8) behandelde een bekend thema uit de Spaanse Burgeroorlog, maar was opmerkelijk genoeg een Italiaanse productie. De film vermengde een liefdesgeschiedenis (de vrouw linksboven op de affiche is actrice Mireille Balin) met een heroïsch verhaal over het "heldhaftige" verzet van Spaanse militairen (en sympathiserende burgers), die van juli tot september 1936 in de Spaanse stad Toledo de Alcazar vesting verdedigden tegen een overmacht van opstandelingen. Pas op het laatste nippertje kon generaal Franco hen ontzetten. Dit verhaal, gemythologiseerd in Franco's Spanje, interesseerde de filmindustrie van Mussolini's Italië omdat het als vehikel voor anticommunistische propaganda kon dienen. Om identiek dezelfde reden was Duitsland uiterst geïnteresseerd om de film internationaal te verdelen, althans nadat Hitler in juni 1941 zijn pact met Stalin had verbroken. *Alcazar* werd vanaf december 1941 in bezet België gebruikt om vrijwilligers voor het Oostfront te ronselen. *Militärbefehlshaber* Alexander von Falkenhausen woonde zelfs een galapremière (in Brussel) van de film bij. Maar daarnaast werd de film ook in het gewone bioscoopcircuit vertoond, waarbij (zie ook de naar hedendaagse normen pathetische affiche) de promotie niet zozeer de nadruk legde op het anticommunistische aspect, maar de film vooral werd voorgesteld als een dramatisch

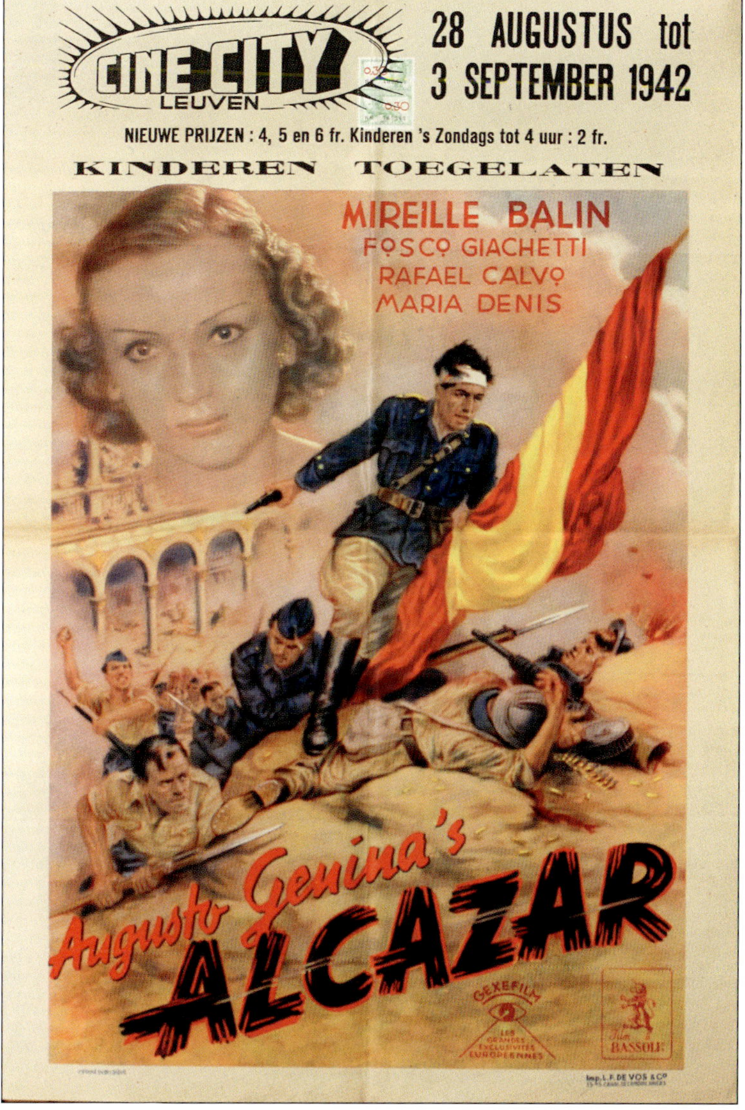

8

CINE FORUM
Van 31 dec. tot 6 januari
PIERRE
FRESNAY
GINETTE
LECLERC
LE
CORBEAU
Het overgroot succes
EEN TRIOMF!
DOORLOOPEND alle dagen vanaf 3 u.
Zondag vanaf 1 u.
Zaterdag 1 januari vanaf 1 u.
Tél. 21.17.62 P.A. 024108 Licence 231/53

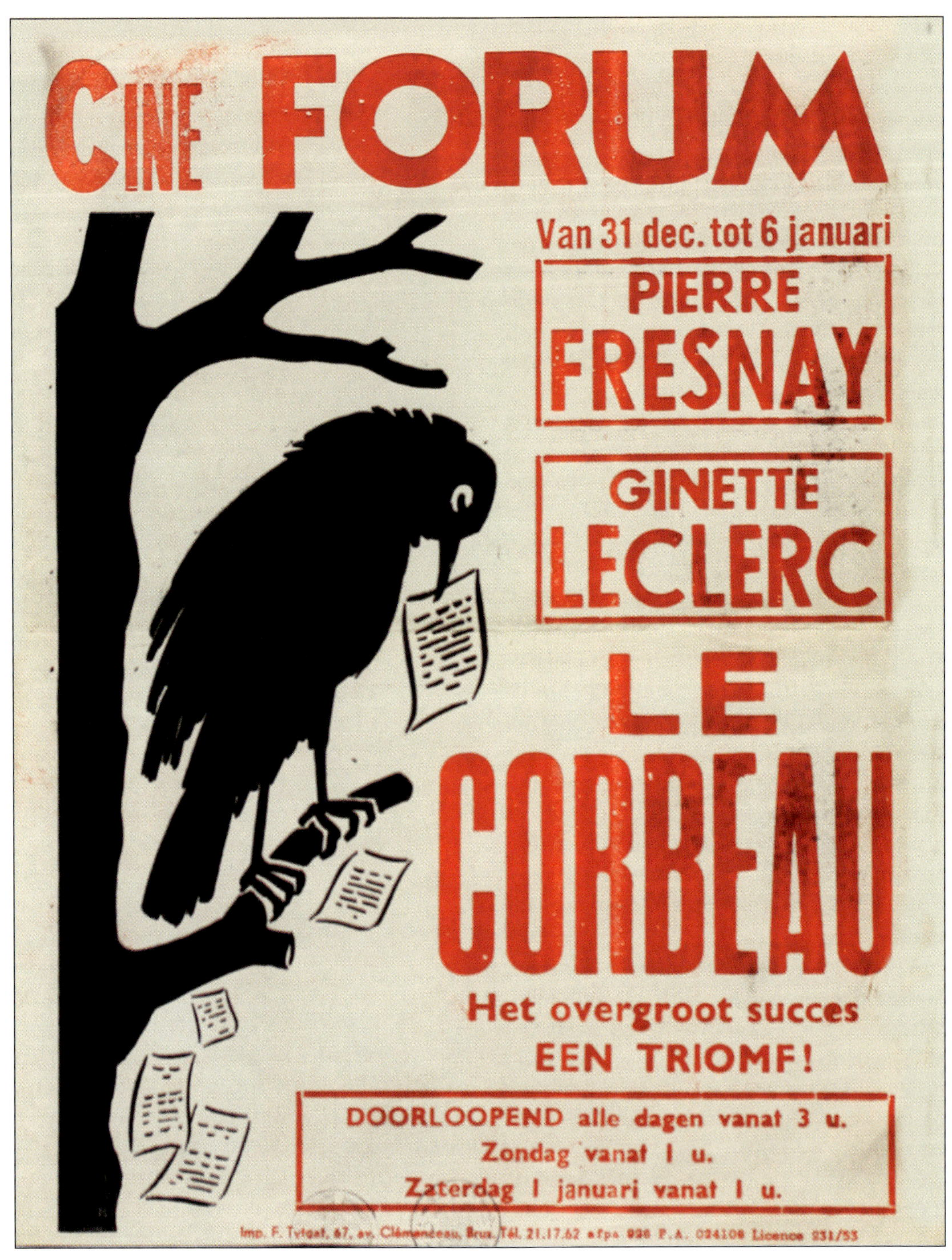

9

heldenepos, waarin dapperen, bewonderd door hun geliefde, tot de laatste snik vechten en liever sneuvelen met de vlag in de ene en het wapen in de andere hand, dan zich over te geven. Net als bij *La cancion de Aixa* zien we dat de buitenlandse herkomst van de film duidelijk vermeld werd (het grote logo van Bassoli Film was vermoedelijk contractueel verplicht) en dat de distributie aan een van de kleinere Belgische verdeelhuizen (Gexé-film) werd gegund.

Globaal bleef de import uit Hongarije, Italië, Spanje of andere met nazi-Duitsland bevriende landen echter *peanuts* in vergelijking met de grootschalige invoer en vertoning van Franse producties. Hiervoor waren verscheidene redenen. België voerde traditioneel een relatief groot aantal Franse films in; er was dus een continuïteit met het verleden. Daarnaast lag de Franse filmproductie tijdens de Tweede Wereldoorlog niet stil, integendeel. In het door maarschalk Pétain en zijn Vichyregering bestuurde zuiden werd sterk in filmproductie geïnvesteerd. Maar ook in de noordelijke *zone occupée* werd druk geproduceerd. De sleutelfiguur hierin was Alfred Greven, een Duitse stroman van Goebbels, die in Parijs een uniek experiment uitvoerde en met zijn eigen firma *Continental* een serie hoogwaardige Franse producties op poten zette. Hoewel deze films door Duitsland gefinancierd werden en de Duitse staatskas behoorlijk wat geld opleverden, oogden ze met hun Franse regisseurs, acteurs en verhalen als volbloed Franse producties. Kwalitatief waren ze zo hoogstaand dat verscheidene van deze films tot op heden als grote klassiekers uit de Franse cinema worden beschouwd. Joseph Goebbels wond zich behoorlijk op over het feit dat Greven met zijn kwaliteitsproducties de Duitse cinema concurrentie aandeed. Hij drong er bij Greven herhaaldelijk op aan dat men in Parijs ofwel slechte Franse films, ofwel goede Duitse films zou draaien. Anderzijds konden Goebbels en zijn financiële raadsman Max Winkler, waar Greven een goede relatie mee had, niet ontkennen dat Grevens activiteiten financieel zeer rendabel waren en dus via *Ufa* (dat *Continental*s producties internationaal verdeelde) geld in het laatje bracht.[19]

Henri Clouzots *Le Corbeau* (1943) is een prachtig voorbeeld van de toen verkregen kwaliteit (ill. 9). De film, een internationaal succes, verhaalt hoe een kleine gemeenschap op stelten wordt gezet wanneer een anonieme briefschrijver ("de raaf") allerlei beschuldigingen uit over vooraanstaande burgers. Na de oorlog werd Clouzot, net als anderen die voor *Continental* hadden gewerkt, aangewreven dat hij gecollaboreerd had. Clouzot werd veroordeeld en kreeg een arbeidsverbod, maar werd later in ere hersteld. Zijn verdedigers voerden onder andere aan dat *Le Corbeau*, waarvan men de vertoning na de bevrijding verboden had, verkeerd begrepen werd en eigenlijk een allegorische verzetsfilm was, waarin op subtiele wijze de spot werd gedreven met Fransen die tijdens de bezetting hun landgenoten verrieden via anonieme brieven aan de Gestapo of andere overheidsinstanties.[20]

Hoewel sommigen zich daar lang tegen verzetten, verkreeg Greven uiteindelijk dat een aantal *Continental* films ook in Duitsland werden verdeeld. Daartoe moesten de films in het Duits nagesynchroniseerd worden, wat de Belgische *Ufa* vestiging ertoe inspireerde om, in het kader van de 'Flamenpolitik', die Duitse versies in Vlaanderen uit te brengen. We vinden hiervan een mooi voorbeeld in de collectie van het Leuvense Stadsarchief. *La Fausse Maîtresse* (ill. 10), met in de hoofdrol de populaire Franse actrice Danielle Darrieux, werd eerst in zijn originele versie uitgebracht, met Nederlandse ondertitels. We zien op de affiche uit 1943 (Cinema Eden) dan ook in grote letters de originele titel, met daaronder in kleiner lettertype de Nederlandse vertaling *Gevaarlijk spel met de liefde*. In januari 1944 werd de film echter in het kleinere Cine City hernomen. Ditmaal laat de affiche (ill. 11), met de Nederlandse vertaling in het groot en daaronder in kleiner lettertype de

19 Bowles 2011, pp. 138-139; Engel 2003, pp. 138-153.
20 Engel 2003, pp. 16-19Engel 2003, 16-19.

WEEK van LEUVEN-KERMIS
IN CINEMA EDEN
UFA FILMS
Danielle Darrieux
Lise DELAMARE
Bernard LANCRET
ALERME
Maurice Yvain
CONTINENTAL FILMS
La Fausse Maitresse
Gevaarlijk spel met de liefde
ie : ANDRE CAYATTE
D'après le roman de HONORÉ de BALZAC

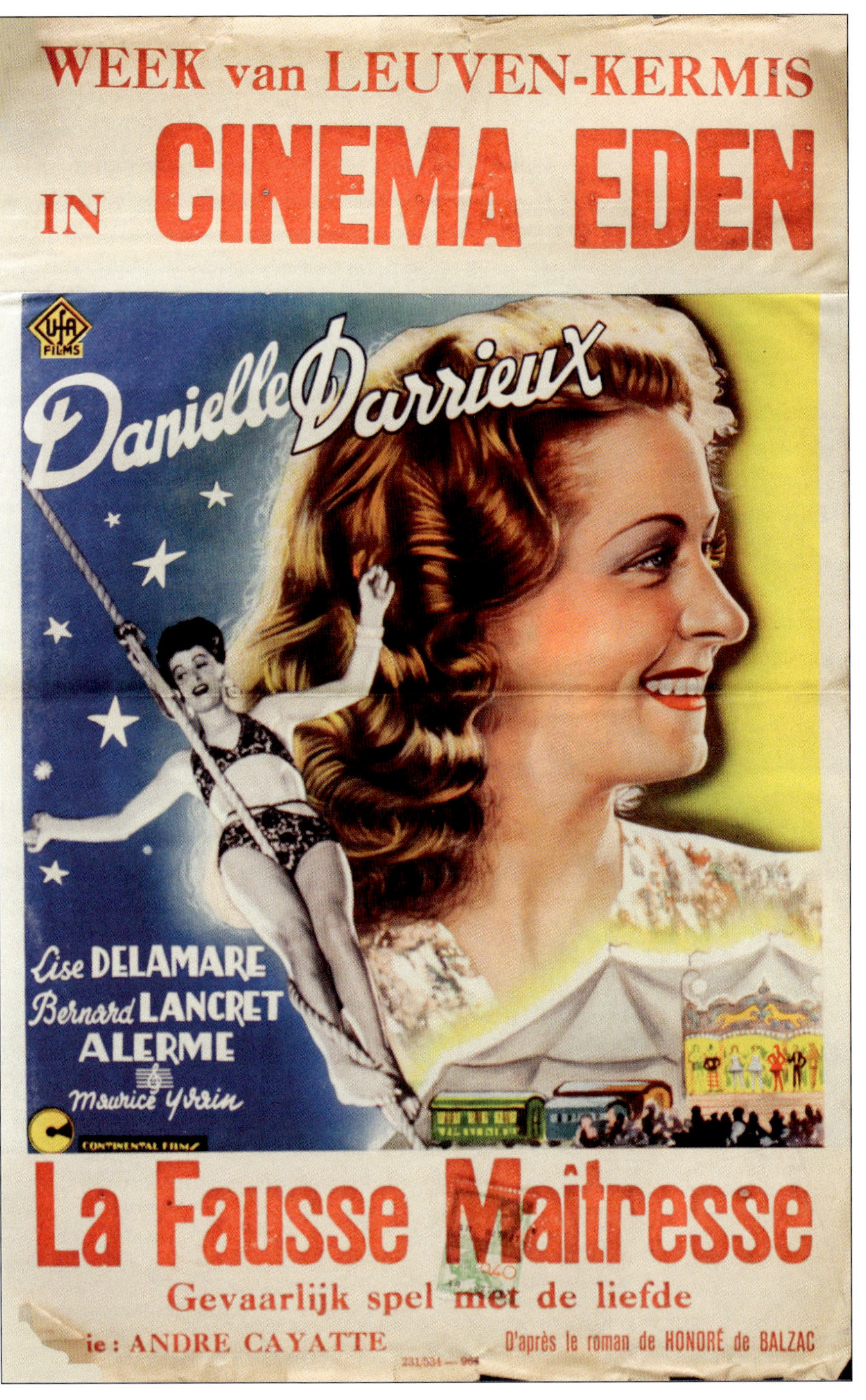

10

Duitse vertaling (*Falsche Geliebte*) er echter geen twijfel over bestaan dat het een Duitse dubbing betrof. Deze praktijk zou nog herhaald worden met andere films, maar sloeg vermoedelijk niet aan bij het publiek. Zelfs ideologische scherpslijpers als de nationaalsocialistische krant *Volk en Staat* (uitgegeven door het VNV), die normaal elke gelegenheid te baat greep om 'franskiljons' te ridiculiseren en Duitsland haar liefde te verklaren, vond dit al te belachelijk en verkoos Franse films in het Frans te zien.[21] Op de affiche zien we overigens tweemaal Darrieux: eenmaal in profiel, duidelijk herkenbaar voor het grote publiek, en eenmaal in zwart-wit, als de trapezedanseres Lilian (in aangepast kostuum, dat de benen bloot laat), die om een vriend uit de nood te helpen zijn maîtresse speelt en vervolgens echt verliefd op hem wordt.

Wat zegt deze affichecollectie, waarvan slechts een zeer beperkte greep in dit artikel aan bod kwam, dan over het filmaanbod in bezet Leuven? Enerzijds zien we dat het aanbod zoals elders in België werd gestuurd door de politiek en de richtlijnen van de *PAB*, die in Leuven via de *Cobec* theaters uitzonderlijk betrokken was. Anderzijds zien we dat de macht van diezelfde *PAB* uiteindelijk gelimiteerd was en het filmaanbod even goed onder invloed stond van internationale evoluties, zoals de kwijnende Duitse productie die de import van Franse en andere films noodzakelijk maakte. De belangrijkste factor was en bleef echter de smaak van de Leuvense bioscoopbezoekers, die door hun aan- of afwezigheid lieten voelen welke films of genres al dan niet hun goedkeuring wegdroegen.[22] Op dat vlak was er ten opzichte van de voor- en naoorlogse jaren eigenlijk niets veranderd: klant was koning.

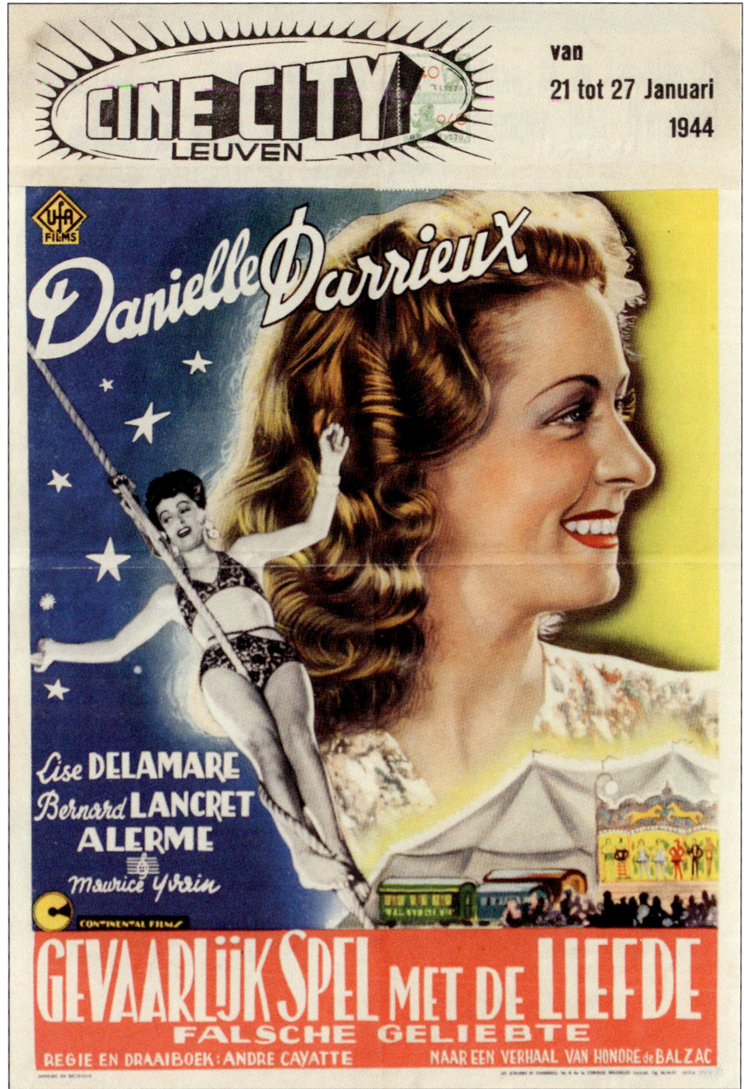

11

21 Vande Winkel 2007, pp. 72-73.

22 Het lopend onderzoek van Cleo Hoebeke zal hierover meer inzicht verschaffen.

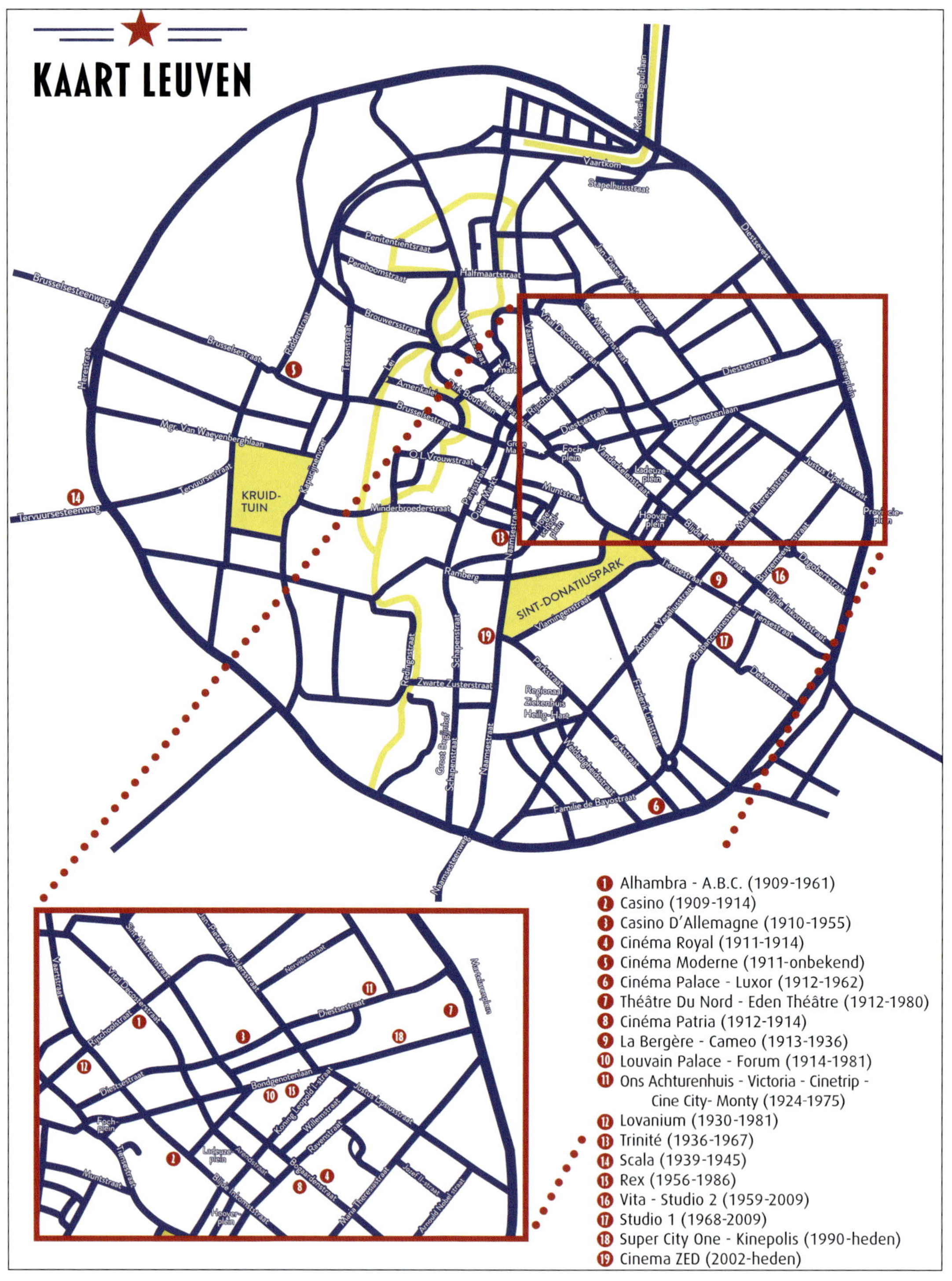

KAART LEUVEN
Kolonel Begaultlaan
Vaartkom
Stapelhuisstraat
Diestsevest
Penitentienstraat
Pereboomstraat
Halfmaartstraat
Brusselsesteenweg
Brusselsestraat
Brouwersstraat
Tessenstraat
Ridderstraat
Vital Decosterstraat
Sint-Maartenstraat
Diestsestraat
Martelarenplein
Herestraat
Mgr. Van Waeyenberghlaan
Bondgenotenlaan
Fochplein
Ladeuzeplein
Tervuursestraat
Tervuursesteenweg
KRUID-TUIN
O.L.Vrouwstraat
Minderbroederstraat
Muntstraat
Hooverplein
Justus Lipsiusstraat
Maria Theresiastraat
Provincieplein
Tiensestraat
Ramberg
SINT-DONATIUSPARK
Vlamingenstraat
Redingenstraat
Schapenstraat
Zwarte Zusterstraat
Naamsestraat
Andreas Vesaliusstraat
Brabançonnestraat
Frederik Lintsstraat
Parkstraat
Regionaal Ziekenhuis Heilig-Hart
Groot Begijnhof
Familie de Bayostraat
Naamsesteenweg
Dekenstraat
Rijschoolstraat
Nervierstraat
Koning Leopold I-straat
Willemstraat
Ravenstraat
Bogaardenstraat
Arnould Nobelstraat
1 Alhambra - A.B.C. (1909-1961)
2 Casino (1909-1914)
3 Casino D'Allemagne (1910-1955)
4 Cinéma Royal (1911-1914)
5 Cinéma Moderne (1911-onbekend)
6 Cinéma Palace - Luxor (1912-1962)
7 Théâtre Du Nord - Eden Théâtre (1912-1980)
8 Cinéma Patria (1912-1914)
9 La Bergère - Cameo (1913-1936)
10 Louvain Palace - Forum (1914-1981)
11 Ons Achturenhuis - Victoria - Cinetrip - Cine City- Monty (1924-1975)
12 Lovanium (1930-1981)
13 Trinité (1936-1967)
14 Scala (1939-1945)
15 Rex (1956-1986)
16 Vita - Studio 2 (1959-2009)
17 Studio 1 (1968-2009)
18 Super City One - Kinepolis (1990-heden)
19 Cinema ZED (2002-heden)

Bibliografie

Ongepubliceerde bronnen

Stadsarchief Leuven:

Modern Archief Leuven (1830-1976) 11250, 11251, 11252, 11253, 11254, 11255, 11256, 11258, 11262, 11263

Bouwvergunningen Leuven (1830-1976)

- Bondgenotenlaan 66-68 (30-09-1932; 14-03-1933)
- Bondgenotenlaan 78 (28-05-1914; 20-04-1916)
- Diestsestraat 237 (29-10-1935; 09-08-1945)
- Martelarenplein 11 (25-01-1926; 07-04-1930; 29-06-1933; 09-11-1949; 12-04-1950)
- Parkstraat
- Tiensestraat
- Vaartstraat 3 (19-08-1919; 05-05-1930; 28-05-1947)

Filmaffichecollectie (1932-1976)

Politiearchief

- Afficheboeken, 1917-1962

Pers

Passe-Partout, 1949-1988
Journal des Petites Affiches de l'Arrondissement de Louvain, 1850-1973
Moniteur des notaires, 1920-1963

Literatuur

ALLEN & REBELLO 1988: Allen, R., & Rebello, S. (1988). *Reel Art: Great Posters from the Golden Age of the Silver Screen*. New York.

BELGISCHE SYNDIKALE KAMER VAN FILMVERHUURDERS 1942: Belgische Syndicale Kamer van Filmverhuurders en Vereeniging der Cinemabestuurders van België (1942). Cinema Jaarboek 1942 Annuaire du cinéma. Brussel: Belgische Syndicale Kamer van Filmverhuurders en Vereeniging der Cinemabestuurders van België - Association des Directeurs de Cinéma de Belgique et Chambre Syndicale des Distributeurs de Films.

BESSAY & CHIRAT 1994: Bessay, M., & Chirat, R. (1994). *Histoire du Cinéma Français: Encyclopédie des films 1940-1950*. Paris: Pygmalion - Gérard Watelet.

BILTEREYST & MEERS 2007: Biltereyst, D., & Meers, P. (Eds.). (2007). *De verlichte stad. Een geschiedenis van bioscopen, filmvertoningen en filmcultuur in Vlaanderen*. Leuven: LannooCampus.

BOWLES 2011: Bowles, B. (2011). The attempted Nazification of French cinema, 1934-44. In R. Vande Winkel & D. Welch (Eds.), *Cinema and the Swastika. The International Expansion of Third Reich Cinema* (pp. 130-147). Hampshire - New York: Palgrave MacMillan.

BOYER & BOURDY 2006: Boyer, M., & Bourdy, P. (2006). *L'oeuvre de cinéma de Roger Soubie*. Paris: Intemporel éditions.

BRANAGHAN & CHIBNALL 2006: Branaghan, S., & Chibnall, S. (2006). *British Film Posters. An illustrated history*. London: BFI Publishing.

BROOKS & MARSH 2003: Brooks, T., & Marsh, E. (2003). *The Complete Directory to Prime Time Network and Cable TV Shows. 1946-Present*. New York: Ballantine Books.

BUYENS 2010: Buyens, L. (2010). *De kroniek van de Belgische filmaffiche*. KULeuven, Leuven.

CAPITAINE & CHARTON 1983: Capitaine, J. L., & Charton, B. J. M. (1983). *L'affiche de cinéma. Les plus belles stars d'Hollywood*. Paris: Édition Frédéric Birr.

CAPITAINE 1991: Capitaine, J. L. (1991). *L'invitation au cinématographe ou les premières affiches (1892-1914)*. Chaumont: Maison Livre et l'Affiche.

CONVENTS 1978: Convents, G. (1978). *De integratie der kinematografie in een middelgrote Belgische stad: Leuven 1895-1918*. Katholieke Universiteit Leuven, Leuven.

CONVENTS 1982: Convents, G. (1982). De komst en vestiging van de kinematografie te Leuven, 1895-1918. In L. Van Buyten (Ed.), *Fiets en film rond 1900: moderne uitvindingen in de Leuvense samenleving* (pp. 384-387). Leuven: Vrienden Stedelijke Musea.

CONVENTS 2000: Convents, G. (2000). *Van kinetoscoop tot café-ciné. De eerste jaren van de film in België*. Leuven: Peeters.

CONVENTS 2009: Convents, G. (2009). Van gefilmde actualiteiten tot bioscoopjournaal. De ontwikkelingen van het nieuws op het witte doek (1895-1919). *Belgisch tijdschrift voor nieuwste geschiedenis, 39*(1-2).

DE HERDT, DESEYN & GERDA 1984: de Herdt, R., Deseyn, G., & Gerda, V. (1984). Het affiche. Spiegel van de industriële maatschappij. Gent: Museum voor Industriële Archeologie en Textiel.

DE HERT & STALLAERTS 1995: De Hert, R., & Stallaerts, R. (1995). *Binnenkort in deze zaal. Kroniek van de Belgische fimaffiche*. Gent: Ludion.

EDWARDS 1985: Edwards, G. J. (1985). *The International Film Poster*. London: Grub Street.

ENGEL 2003: Engel, K. (2003). *Deutsche Kulturpolitik im besetzten Paris: Film und Theater*. München: Oldenbourg Verlag.

Engelen 2011: Engelen, L. (2011). Schoukens, Gaston *Nationaal Biografisch Woordenboek* (Vol. 20, pp. 874-878). Brussel: Koninklijke Academieën van België.

Haralovich 1982: Haralovich, M. B. (1982) Advertising Heterosexuality. Changing coutship in film posters of the thirties and forties. *Screen, 23*(1), 10.

Jarvinen & Peredo-Castro: Jarvinen, L., & Peredo-Castro, F. (2007). Penetrating the Spanish-Speaking Film Markets, 1936-42. In R. Vande Winkel & D. Welch (Eds.), *Cinema and the Swastika. The International Expansion of Third Reich Cinema* (pp. 42-57). Hampshire - New York: Palgrave MacMillan.

Jonckheere 2007: Jonckheere, E. (2007). *Gentse variététheaters van 1880 tot 1914.* Universiteit Gent, Gent.

Klaus 1988-2006: Klaus, U. J. (1988-2006). *Deutsche Tonfilme - Lexikon der Abendfüllenden Deutschsprachigen Spielfilme (1929/30-1945) (15 volumes).* Berlin: Ulrich J. Klaus Verlag.

Lefèvre 2007: Lefèvre, P. (2007). From Panel to Poster. *Poster Collection*(16), 43-47.

Lifton 1986: Lifton, R. J. (1986). *The Nazi Doctors: Medical Killing and the Psychology of Genocide.* New York: Basic Books.

Martin 1938: Martin, F. (1938) *Bottin du cinéma belge*. Brussel: F. Martin.

McBride 1992: McBride, J. (1992). *Frank Capra: The Catastrophe of Success*. New York: Simon & Schuster.

Miller 1994: Miller, F. (1994). *MGM Posters: The Golden Years*. Atlanta: Turner.

Milo 1935: Milo, J. (1935). L'affiche. *L'art belge, 16*(2), 29.

Moussinac 1923: Moussinac, L. (1923). Les affiches de cinéma. *Publirep, 2*(mei), 58-59.

Nijs 2011: Nijs, J. (2011). *Geschiedenis van vijf Leuvense centrumbioscopen, 1945-1985.* KULeuven, Leuven

Nourmand & Marsh 2002: Nourmand, T., & Marsh, G. (Eds.). (2002). *The Essential Movies of the Decade. Film Posters of the 40s*. Köln: Evergreen / Taschen.

Nourmand & Marsh 2005: Nourmand, T., & Marsh, G. (Eds.). (2005). *The Essential Movies of the Decade. Film Posters of the 30s*. Köln: Evergreen / Taschen.

Nourmand & Marsh 2006a: Nourmand, T., & Marsh, G. (Eds.). (2006). *Film Posters: Exploitation*. Köln: Evergreen / Taschen.

Nourmand & Marsh 2006b: Nourmand, T., & Marsh, G. (Eds.). (2006). *Film Posters: Science Fiction*. Köln: Evergreen / Taschen.

Nourmand & Frayling 2010: Nourmand, T., & Frayling, C. (2010). *Bill Gold. Poster Works*. London: Reel Art Press.

Nys 2011: Nys, A. (2011). *Een eeuw Leuvense bioscopen (1909-2009).* KULeuven, Leuven

Poels 1997: Poels, A.-M. (1997). De organisatie van het filmbedrijf tijdens de bezetting van '40-'44: de censuur. *Belgisch tijdschrift voor nieuwste geschiedenis - Revue belge d'histoire contemporaine, 27*(3-4), 419-430.

Reid 2004: Reid, J. H. (2004). *Award-Winning Films of the 1930s*. New York: Lulu Press.

Rhodes 2007: Rhodes, G. D. (2007). The Origin and Development of the American Moving Picture Poster. *Film History, 19*(1), 228-246.

Salavetz, Drate, Sarowitz & Kehr 2008: Salavetz, J., Drate, S., Sarowitz, S., & Kehr, D. (2008). *Art of the Modern Movie Poster: International Postwar Style and Design*. San Francisco: Chronicle Books.

Sarowitz 2009: Sarowitz, S. (2009). *Translating Hollywood: from the Posteritati Gallery Collection*. New York: Batti.

Scheerlinck 1991: Scheerlinck, K. (1991). *Papieren herauten. Culturele affiches te Antwerpen 1880-1914 in kunsthistorisch perspectief.* Antwerpen: Stad Antwerpen.

Scheerlinck 1995: Scheerlinck, K. (1995). *Filmaffiches van Julien 't Felt (1874-1933)*. Antwerpen: Provincie Antwerpen.

Scheerlinck 2010: Scheerlinck, K. (2010). *Vlaamse theateraffiches tijdens het interbellum*. Brugge: Mark Van de Wiele Brugge.

Schiwek 2002: Schiwek, I. (2002). *„(--) weil wir lieber im Kino sitzen als in Sack und Asche": Der Deutsche Spielfilm in den besetzten Niederlanden 1940-1945*. Berlin: Waxmann.

Schwilden 1998: Schwilden, T. (1998). *Magritte livre l'image. Affiches, publicités et illustrations de 1918 à 1966. Essai de catalogue*. Brussel: Galerie Bortier.

Staiger 1990: Staiger, J. (1990). Announcing Wares, Winning Patrons, Voicing Ideals: Thinking about the History and Theory of Film Advertising. *Cinema Journal, 29*(3), 3-31.

Tegel 2007: Tegel, S. (2007). *Nazis and the Cinema*. London: Continuum.

Thirion 1988: Thirion, E. (1988). *Het bioskoopwezen in Leuven tijdens het interbellum*. KULeuven, Leuven.

Uytterhoeven & Morias 1996: Uytterhoeven, R., & Morias, C. (1996). *Heverlee 1846-1976. Evolutie in woord en beeld*. Leuven: Acco.

Van de Broek 2010: Van de Broek, B. (2010). *Kroniek van de Belgische filmaffiche. 1940-1944: de invloed van de Duitse bezetting op de Belgische filmaffiche*. KU Leuven, Leuven.

Van der Mosen 2010: Van der Mosen, E. (2010). *De Kroniek van de Belgische Filmaffiche : de representatie van de vrouwelijke filmster op de Belgische affiche tussen 1930 en 1970*. KULeuven, Leuven.

Van Engeland 1988: Van Engeland, D. (1988). *Bioscoop en film te Leuven (1940-1968). Een blik vóór en achter het witte scherm*. KULeuven, Leuven.

Vande Winkel 2007: Vande Winkel, R. (2007). De bezette bioscoop. Filmvertoningen tijdens de Duitse Bezetting (1940-1944). In D. Biltereyst & P. Meers (Eds.), *De verlichte stad, een geschiedenis van bioscopen, filmvertoningen en filmcultuur in Vlaanderen* (pp. 63-76). Leuven: Lannoo Campus.

Vande Winkel 2009a: Vande Winkel, R. (2009). Belgische onderwerpen van de door de bezetter gecontroleerde UFA en BELGA filmjournaals, 1940- 1944. *Belgisch tijdschrift voor nieuwste geschiedenis - Revue belge d'histoire contemporaine, 39*(1-2), 199-236.

Vande Winkel 2009b: Vande Winkel, R. (2009). Ohm Krüger's Travels: a Case Study in the Export of Third-Reich Film Propaganda. *Historical Reflections / Réflexions Historiques, 35*(2), 108-124.

Vande Winkel 2011: Vande Winkel, R. (2011 (revised paperback edition)). German Influence on Belgian Cinema, 1933-45: from Low-Profile Presence to Downright Colonisation. In R. Vande Winkel & D. Welch (Eds.), *Cinema and the Swastika. The International Expansion of Third Reich Cinema* (pp. 72-84). Hampshire - New York: Palgrave MacMillan.

Vande winkel & Van Linthout 2007: Vande Winkel, R., & Van linthout, I. (2007). *De Vlaschaard 1943: een Vlaams boek in nazi-Duitsland en een Duitse film in bezet België*. Kortrijk: Uitgeverij Groeninghe.

Vande Winkel & Welch 2007: Vande Winkel, R., & Welch, D. (Eds.). (2007). *Cinema and the Swastika. The International Expansion of Third Reich Cinema*. New York: Palgrave.

Veldeman 2008: Veldeman, P. (2008). Collectie in de kijker: de afficheverzameling van de stad Leuven. *Salsa!-Cahier, 1*(1), 4-5.

Voet 2010: Voet, M. (2010). *'Cette semaine'. Een stylistische en iconografische analyse van de postercollectie in het Fotomuseum Provincie Antwerpen*. KULeuven, Leuven.

Zreik & Zreik 1986: Zreik, S., & Zreik, F. (1986). *Souvenirs d'Hollywood. Affiches du cinéma américain, 1925-1950 / American Movie Posters, 1925-1950*. Paris: Éditions Alternatives.

Biogrammen van de auteurs

Leen Engelen (1977) behaalde een doctoraat in de Sociale Wetenschappen (KULeuven) met een studie naar de verbeelding van de Eerste Wereldoorlog in de Belgische speelfilm uit het interbellum. Ze is momenteel als docent filmgeschiedenis verbonden aan de Media, Arts & Design Faculty (KHLim/PHL) in Genk en als geaffilieerd onderzoeker aan het Centrum voor Mediacultuur en Communicatietechnologie van de KULeuven. Leen is editor (met Roel Vande Winkel) van *Perspectives on European Film and History* en schreef bijdragen voor diverse wetenschappelijke tijdschriften. Haar onderzoek spitst zich toe op de koloniale- en missiefilm, Belgische cinema, historische representatie, prentbriefkaarten en de Belgische filmaffiche.

Pascal Lefèvre (1963) (doctor in Sociale Wetenschappen, KULeuven) werkte begin jaren 1990 eerst als researcher voor de openbare omroep, BRTN. Nadien was hij enkele jaren aan het Belgisch Centrum van het Beeldverhaal verbonden. Sinds 1998 doceert hij over visuele sequentiële media in het hoger kunstonderwijs (tegenwoordig in Sint-Lukas Brussel en aan de MAD Faculty in Genk en Hasselt). In het verleden deed hij onderzoek voor MDA Genk, Sint-Lukas Brussel, het Gentse museum Het Huis van Alijn en de kunstenaarsvereniging SMartbe. Sinds 2008 is hij ook geaffilieerd onderzoeker aan het Centrum voor Mediacultuur en Communicatietechnologie van de KULeuven. Behalve enkele boeken (voornamelijk over het beeldverhaal) heeft hij nog een kleine honderd publicaties in acht verschillende talen. Hij realiseerde ook enkele video's zoals *Burning History* over de brand van de Leuvense universiteitsbibliotheek in 1940. Meer info op: http://sites.google.com/site/lefevrepascal/

Joachim Nijs (1978) behaalde een masterdiploma Communicatiewetenschappen van de KU Leuven met een studie over het Leuvense bioscooplandschap (Rex, Lovanium, Eden, Monty en Forum) tussen 1945 en 1985. Daarnaast droeg hij een klein steentje bij aan het archiveren van de affichecollectie van het SAL. Hij groeide op in Leuven en studeerde aan het Sint-Pieterscollege in het hart van de stad. Daarna behaalde hij diploma's in de journalistiek aan de Katholieke Hogeschool (Lessius) in Mechelen en de Erasmushogeschool in Brussel. In het verleden werkte hij onder andere voor Sony Europe, Ogone en het Duitse Ministerie van Buitenlandse Zaken. Zijn interesses gaan onder meer uit naar het Leuvense erfgoed, de geschiedenis van de film en het patrimonium van de Buurtspoorwegen (NMVB). In zijn vrije tijd zet hij zich als vrijwilliger in voor de Leuvense lokale radio Scorpio.

Kunsthistoricus **Karl Scheerlinck** (1962) was deeltijds lector aan de Katholieke Universiteit Leuven en is sinds 1986 als leraar en archivaris werkzaam in het Sint-Lievenscollege Antwerpen. Als specialist van de geschiedenis van de Belgische affichekunst schreef hij sinds 1991 een twintigtal boeken, realiseerde evenveel tentoonstellingen en gaf tal van lezingen in binnen- en buitenland. Tot de meest spraakmakende projecten behoren 'Papieren Herauten' (1991), 'Jenever en Likeur in kleur' (1994), 'Affichekunst-aan-Zee' (2003) en 'Made in Belgium' (2003). Hij stelde de oeuvrecatalogi samen van het afficheoeuvre van Henri Cassiers (1994), Alfred Ost (1997) en Lucien De Roeck (2008). Hij werkte inventarisatie-, tentoonstellings- en publicatieprojecten uit in opdracht van bedrijven en organisaties als The Absolut Company (2002), EURELECTRIC (2007) en AB Inbev (2009).

Ook de geschiedenis van de Vlaamse interbellumarchitectuur (i.c. 'De Pelgrim'-beweging) geniet zijn belangstelling. Hij publiceerde daarover diverse artikels en enkele boeken, waaronder '75 jaar Sint-Laurentiuskerk Antwerpen' (2009).

Daarnaast levert Scheerlinck adviezen aan musea en veilinghuizen in binnen- en buitenland en zetelt hij in commissies. In 2011 zat hij de jury van de Culturele Affícheprijs van Vlaanderen 'Cobra Power of Print' voor. Momenteel redigeert hij de oeuvrecatalogus 'Prentkaarten Alfred Ost' en werkt hij onder meer een vervolg uit op 'Jenever en Likeur in Kleur' en 'Made in Belgium'.

Roel Vande Winkel (1974) verricht historisch en hedendaags onderzoek naar media- en beeldcultuur. Hij is docent aan de Hogeschool voor Wetenschap en Kunst (departement Sint Lukas Brussel), hoofddocent aan de Universiteit Antwerpen (Master in Filmstudies en Visuele Cultuur) en geaffilieerd onderzoeker aan de Katholieke Universiteit Leuven (Centrum voor Mediacultuur en Communicatietechnologie).

Hij is actief op diverse terreinen en verrichte intensief onderzoek in internationale archieven naar de Belgische filmwereld onder de Duitse bezetting (met o.a. aandacht voor het Filmgilde / Gilde du Cinéma), waarover hij, als aanloop naar een boek, verscheidene artikels voorbereidt. Hij publiceerde onder andere de boeken *Cinema and the Swastika: the International Expansion of Third Reich cinema* (2011, met David Welch) en *Filmen voor Vlaanderen: Vlaamse beweging, propaganda en film* (2008, met Daniel Biltereyst). Verder leverde hij ook bijdragen aan internationale tijdschriften als het *Historical Journal for Film, Radio and Television*, *Journal of Film Preservation*, *Tijdschrift voor Mediageschiedenis*, *Filmblatt* en *Historical Reflections*.

Dankwoord

Dit *Salsa!-Cahier* kon enkel tot stand komen dankzij de grote inspanningen van velen. De ontsluiting van de affichecollectie is grotendeels gerealiseerd door Bart Van de Broek, Lise Buyens en Elise Van der Mosen in het kader van hun masterproef. Het onderzoek naar de bioscoopgeschiedenis van de stad Leuven kreeg in 2010-2011 een nieuwe impuls door de mastersproeven van Joachim Nijs en Andreas Nys.

Dank ook aan de onderzoeksgroep Image & Word van de Media, Arts & Design Faculty (KHLim/PHL) die de middelen voor het achterliggend onderzoek naar de Belgische filmaffiche ter beschikking stelt

Voor de realisatie van het *Cahier* ben ik grote dank verschuldigd aan Marika Ceunen, Thijs Collogne, Tiny T'Seyen, Rebecca Gysen, Ruben Mertens en het bestuur van SALSA! vzw. Andreas Nys en Frederick Feyfer (Uncompressed) zorgden voor de kaart van Leuven (p. 96). Mijn grootste dank gaat uiteraard uit naar de auteurs die meewerkten aan dit Salsa!-Cahier: Pascal Lefèvre, Joachim Nijs, Karl Scheerlinck en Roel Vande Winkel.